AF210865

Des Knaben Bundeshorn

Politische Satire

Umschlagbild: Vera Partem

HÄNSCHEN SACHS

DES KNABEN BUNDESHORN

Politische Satire

Umschlagbild: Vera Partem

© 2003 August Epple
Herstellung und Verlag: Books on Demand GmbH, Norderstedt
ISBN 3-8334-0246-6

INHALT

AN DIE AUFGEWECKTEN LESER!

Kaufen Sie bitte keine Bananen und gehen Sie nicht zu McDonald's! Falls Ihnen die Steuer etwas gelassen hat, legen Sie Ihr Geld vernünftig an. Kaufen Sie dieses Büchlein. Es versucht, ein bißchen Denken anzuregen. Zum Beispiel über deutsche Politik und Kultur. Nimmt man die zu ernst, könnten einem Selbstmordgedanken kommen. Wir probieren es deshalb mit Humor. Lesen Sie also das Folgende und lachen Sie, so oft es geht!

Das Werk möchte auch die gefährdete Leselust der Bundesbürger und die der deutschsprachigen Menschen schlechtweg wieder beleben. Natürlich geht das nicht mit Geschichten *à la* Schneewittchen, wo die Diener mit dem Sarg stolpern, die Kleine darauf hustet und ein Stückchen Apfel ausspuckt, was wiederum den Prinzen hoch beglückt. Oh nein, heute muß man härter sein. Heutzutage müßte Schneewittchen mindestens noch der Königin die Zähne ausschlagen. Kurzum, liebe Freunde, wenn in dem Büchlein gelegentlich etwas zu stark ist, zeigt Verständnis. Denkt daran, daß es auch jüngere Leser ansprechen will. Also Menschen, die Nils Holgersons Wildgänse eher schießen als lesen würden.

Politiker dürfen hier kein Mitleid erwarten, schon gar nicht die Brüder und Schwestern, die versuchen, die Bundesrepublik von einer Demokratie in eine Deppokratie zu verwandeln. Die Gesellschaft, die diese Herrschaften toleriert und sich mit atavistischem Firlefanz beeindrucken läßt, verdient auch keine Schonung. Der Vorschlag, daß Orden nur in Unterwäsche zu tragen sind, ist leider zu gut, um ein Gesetz zu werden.

Die Allgemeinbildung schrumpft, aber die Sucht nach „Politischer Korrektheit" nimmt zu. Ein Zusammenhang ist kaum übersehbar. „*Cui bono?*" Die Antwort ist nicht schwer: denen, die von den Schuldgefühlen profitieren, die man mit Mißinformation und Unwissen gefördert hat. Das Lächerliche und das Gefährliche sind hier manchmal schwer zu trennen.

Es wird viel geklagt, daß die Lehrerausbildung praxisfern ist. Dem wollen wir nachgehen. Drei Selbsttests dürften Junglehrern zeigen, ob man ihnen auch ein paar Fakten vermittelt hat. Außerdem werden sie durch Beispiele an die pädagogische Macht von Reimen erinnert. Ein Vorschlag zur Gestaltung des Unterrichts zum Thema „Regierungsbildung" sollte ebenfalls hilfreich sein. Mit Spannung dürfen wir die Reaktion der Kultusminister auf die Einladung erwarten, sich ebenfalls einer fachlichen Prüfung zu unterziehen. Hänschen Sachs verspricht ihnen als Anreiz 20% Extrapunkte.

Sie speziell, meine Herren, finden in dem Büchlein viele Reime, die Sie mit mehr oder weniger vorgehaltener Hand zitieren können.

Und für Sie, Liebste, ist das Büchlein das ideale Geschenk für den Mann Ihrer Räume. Sie zeigen damit Ihre Aufgeschlossenheit und machen ihm Mut. Na, das kann dann heiter werden!

Sollten Sie gelegentlich an das Ende denken – das Ihres Vorgesetzten oder Ihrer Erbtante, also von Menschen, deren Langlebigkeit Sie mit Sorge erfüllt – dann wählen Sie einen der hier gesammelten Nachrufe. Das erspart Ihnen langes Grübeln und macht Laune.

Kurzum, Freunde: Fördert den deutschen Humor! Sorgt für rasche Verbreitung dieses einmaligen Werks. Es gehört in jedes Heim, das zählen will. Und wenn bei Bundeskanzler, Landesfürsten und Regierungen Tränenströme Selbsterkenntnis zeigen, wenn Scharen von Politikern auf einen ehrlichen Beruf umsteigen, dann wissen wir: Das Büchlein hat geholfen. Humor hat sie zu besseren Menschen gemacht.

I. Patridiotisches

Fühlen Sie sich verhintert? Nein, das ist kein Druckfehler! Die Frage ist ernst gemeint. Man soll nicht gleich zu Beginn eines gehaltvollen Buches schockieren. „Verpopot" klingt eben nicht so gut, und – na, Sie wissen schon – das andere Wort wollen wir noch ein bißchen vermeiden. Aber lassen wir uns nicht vom Thema ablenken. Wenn Sie die obige Frage mit „Ja" beantworten, dann denken Sie wahrscheinlich an die Politik in der Deutschen Bundesrepublik. Nach irgendeiner Wahl, spätestens der letzten, muß Ihnen die Idee gekommen sein. Jahrzehnte lang haben wir dem Kasperletheater in Bonn zugesehen. Teufel und Tod prügelten sich gegenseitig, aber am Ende lachte stets das Kasperle. Und viele dachten, es ginge uns wie dem Kasperle und lachten mit. Jetzt ist das Theater nach Berlin umgezogen. Tod, Teufel und Kompanie schlagen sich dort weiter, aber viele Zuschauer finden das gar nicht mehr lustig. Es ist den Politikern gelungen, die einst stärkste Wirtschaftsmacht Europas zu ruinieren.

Nehmen wir also kein Blatt mehr vor den Mund. Man hat uns verschaukelt, und wir sitzen jetzt ganz tief im Exkrement. Wäre es da nicht schön, wenn sich das Bundeskabinett an einem monatlichen „Tag der Solidarität" zu uns Sterblichen gesellen würde – um die Wirklichkeit zu begreifen? Der Finanzminister könnte im Kaufhaus kassieren; die Justizministerin sich *incognito* im Gefängnis einsperren lassen; der Verkehrsminister stundenlang in einer Innenstadt ein Taxi steuern; die Gesundheitsministerin im Altenheim Hilflosen den Arsch wischen; die Landwirtschaftsministerin Hühner schlachten und ausnehmen; der Bundeskanzler im zwanzigsten Stock einer Bank die Fenster von außen putzen. Der Bundespräsident könnte noch ein bißchen höher dasselbe tun. Weitere Empfehlungen werden gerne gegeben.

Sie haben gemerkt: letztere Anregungen sind scherzhaft gemeint. Es ist nämlich unwahrscheinlich, daß unsere Politiker etwas lernen wollen oder die bedenkliche Lage des Staates begreifen. Im Gegenteil. Man hört, der Bundeskanzler glaubt, er hätte Grund sich über die florierenden „Kanzlerwitze" zu beschweren. Er versteht nicht, daß es gut ist, wenn die Leute noch über ihn lachen.

Wer weiß, ob die Regierung in ihrer verzweifelten Lage nicht bald eine Zensur einführt, um Kritik zu ersticken. Machen wir uns also über das lustig, was uns Politiker an Lächerlichkeit und falschem Patriotismus bieten – solange es noch erlaubt ist!

Heinrich Heine Nachempfunden

Denk' ich an Deutschland in der Nacht,
So bin ich um den Schlaf gebracht.
Träum' ich von Kanzler und Parteien,
Muß ich sogar um Hilfe schreien.

Dreimal Darfste Raten

Wo liegt sie nur, der Narren Insel,
Das Land der großen Einfaltspinsel?
Wo Gauner, die den Staat regieren,
Millionen heimlich abkassieren;
Und wenn erwischt, im Amte bleiben,
Weil niemand wagt, sie zu vertreiben?
Wo Amtseid eine Farce ist,
Die man schon über Nacht vergißt,
Denn lügen, leugnen, korrumpieren
Gehören hier halt zum Regieren.
Wo Bonzen sich beeilen,
Steuergelder zu verteilen,
An Falsche in der ganzen Welt,
Wo es nicht hilft und oft nicht fehlt?
Wo Deppen Bildung regulieren,
Und echten Blödsinn ausprobieren?
Wo man, um Schaden zu vermindern,
Entwicklungshilfe sucht bei Indern?
Wo, an der Nase rumgeführt,
Die Jugend radikaler wird?
Ja, wo wundert man sich
Und hißt die Fahne schwarz-rot-ranzig?

Neue Bundeshymne

Melodie aus Omas Mottenkiste: „Unser Kaiser ist ein guter Mann …"

Unser Kanzler ist ein guter Mann
Er wohnet in Berlin,
Dort sitzt er auf dem Bundesthron
In einem Hermelin.

Und spricht er dann zum Bundestag,
Wird dir im Kopf so leicht,
Dann kicherst du beim Apfelsaft,
Als wär' dir Schnaps gereicht.

Der Deutsche Gruß

Der Präsident der USA
Stand nah dem Mikrophon.
Und ihm entwich, was peinlich war,
Ein lauter Darmend-Ton.
Worauf der Bundestag, ganz unbeschwert,
Den Furz zum deutschen Gruß erklärt.

Jetzt hört man in den Bundeshallen,
Wie Trommelfeuer Fürze knallen;
Und fragt sich, wie es weiter geht
Mit dieser Affenmentalität.

Die Bundeskrähe

Ein Wahlsieg hat jetzt über Nacht
Die Schwarzen an die Macht gebracht,
Nun herrscht bei uns die CDU,
Macht Klöster auf und Unis zu.
Läßt alle Häuser schwarz bemalen,
Wer das nicht tut, muß Strafe zahlen.
Und läutet dann die Matutin,
Rast jeder schnell zur Kirche hin.

Die Massen strömen nach Berlin,
Zum Reichstagshof zieht sie es hin.
Denn da, im Käfig hütet man
Ein Staatsgeschenk des Vatikan'.
'Nen Vogel, den ein jeder kennt,
Des' Namen man mit Ehrfurcht nennt.
Maria heißt das Federvieh,
Und alle Leute lieben sie.
Der Papst, der hat sie ausgewählt,
Dann gut gesalbt und auch geölt,
Und uns mit Engelspost geschickt,
Damit man keine Feder knickt.

Natürlich wird sie schwer bewacht,
Daß keiner mit ihr Scherze macht.
Man erlaubt ihr keine Freier.
Als Jungfrau legt sie keine Eier.
Doch wirkt sie leider sehr betreten,
Was soll sie tun als dauernd beten?
So konnt' ich's einfach nicht vermeiden,
Ihr etwas Freude zu bereiten.

Man weiß, daß Frauen aller Rassen
Sich gern die Haare färben lassen.
Ich dacht', 'ne Krähe in der Not
Hat sicher gern die Federn rot.
Ich gab ihr heimlich Tag für Tag
Spanisch' Pfeffer, den sie mag,
Obwohl man mir das streng verbot.
Jetzt sind die Federn ziegelrot.

Zum Schluß hat man mich doch erwischt.
In Karlsruh' kam ich vors Gericht.
Dort standen Richter, die nie fehlen;
Rot ihre Roben, schwarz die Seelen.
Aus ihrer Mitte sprach sodann
Ein etwas untersetzter Mann.
Er grinste nicht wie Claudia Schiffer,
Und seine Stimme wurde tiefer:
„Du hast die Republik blamiert.
Zur Strafe wirst du explodiert.
Wir füttern dich jetzt mit Karbid,
Dann ist's zum Himmel nur ein Schritt."

Darauf hat's schrecklich laut gekracht.
Und davon bin ich aufgewacht.

II. POLITIK UND POLITIKER

Die Bibel vermittelt einen falschen Eindruck. Die alten Ägypter wurden nicht von zehn, sondern von elf Plagen heimgesucht. Die schlimmste davon wird nicht im Buch Moses erwähnt. In vielen Ländern ist sie immer noch ein Staatsgeheimnis: die Politiker. Diese Schädlinge sind so gut getarnt, daß man sie oft mit Menschen verwechselt. Man erkennt sie an ihren Taten, das heißt, wenn es zu spät ist. Mögen die folgenden Reime dem Bürger helfen, hinter die menschenähnliche Maske der Kerle (beiderlei Geschlechts) zu blicken.

Übrigens: Wenn man sich gemeine Sträflinge in Kleidern mit Zebramustern vorstellt: wie wäre es mit einem Gesetz, das für deutsche Politiker schwarz-rot-goldene Streifenanzüge vorschreibt? Bei Bayern könnte man auch an ein blau-weißes Muster denken.

Jetzt kommt Ihnen wahrscheinlich eine Frage: Wer soll den Schaden bezahlen, den die Politiker angerichtet haben? Vielleicht wir, ihre Opfer? Nun, das wäre nicht gerecht. Schließlich haben wir schon als kleine Kinder gelernt, daß man für seine Taten geradestehen muß. Man könnte sich daher vorstellen, daß Mitglieder der Landtage und des Bundestags, sowie der verschiedenen Regierungen nach Ablauf ihrer Pfründenzeit eine ebensolange Zeit mit nützlicher öffentlicher Handarbeit verbringen müssen. Man denke nur an das Müllproblem in unseren Städten und die Entfernung von Graffiti. Nein, wir wollen keine Rache. Wir sind nicht die Franzosen der großen Revolution, die der herrschenden Kaste die Haare bis zum Hals kürzten. Wir sind gutmütige Deutsche, die hoffen, daß man nach ein paar Jahren gemeinnütziger Arbeit einen Politiker wieder in die Gesellschaft eingliedern kann. Bei den Lobbyisten sehe ich allerdings schwarz. Hier wäre wohl an eine zweite Art der Verwendung von Laternenpfählen zu denken – wie auch in der Französischen Revolution praktiziert.

Die Pappärsche

Wenn Mücken fest im Leime kleben,
Dann ist's bald aus mit ihrem Leben.
Doch in der Bundespolitik,
Da gibt es einen and'ren Trick:
Wenn Strolche unverschämt belügen,
Daß sich dabei die Balken biegen,
Inkompetenz zum Himmel stinkt,
Steuerzahler um Milliarden bringt,
Dann schmiert man seinen Arsch mit Leim.
Und wird man schließlich doch erwischt,
Ist das so schlimm nun wieder nicht.
Denn Gott sei Dank
Klebt man an der Ministerbank.
Ging's diesen Strolchen wie den Mücken,
Es würde manchen Mann entzücken.

Straßburg
Gesungen nach der Melodie eines alten Volksliedes

Oh Straßburg, oh Straßburg,
Du wunderschöne Stadt,
Darinnen lebt von Steuergeld
So mancher Bürokrat.

In Straßburg, in Straßburg,
Da gibt's ein Parlament,
Da schwätzen die Politiker,
Die keiner braucht und kennt.

Ach Straßburg, ach Straßburg,
Was soll denn nur geschehn,
Mit allen den Politikern?
So darf's nicht weitergehn!

Der Große Täuschmeister Marsch
Gesungen nach bekannter K&K Melodie

Wir sind vom Kohl-und-Koch-CDU-Regiment,
Große Täuschmeister, das sind wir.
Wir sind vom Kohl-und-Koch-CDU-Regiment,
Die Gesetze, die verdrehen wir.
Werden wir mal bei
'Ner Gaunerei erwischt,
Dann hilft uns sicher schon
So irgendein Gericht.
Wir sind vom Kohl-und-Koch-CDU-Regiment
Und Gesetze sind uns Klopapier.

Wir sind vom Kohl-und-Koch-CDU-Regiment,
Große Täuschmeister, das sind wir.
Wir sind vom Kohl-und-Koch-CDU-Regiment,
Schwarze Konten, ja, die lieben wir.
Bestraft man uns,
So stört das wirklich nie,
Denn stets bezahlt für uns
Die deutsche Industrie.
Wir sind vom Kohl-und-Koch-CDU-Regiment,
Korruption, oh ja, die kennen wir.

Wir sind vom Kohl-und-Koch-CDU-Regiment,
Große Täuschmeister, das sind wir.
Wir sind vom Kohl-und Koch-CDU-Regiment,
Keiner kohlt so wunderschön wie wir.
Wir lügen uns heraus,
Aus Schmutz und aus Morast,
Daß selbst Münchhausen noch
Im Grab vor Neid erblaßt.
Wir sind vom Kohl-und-Koch-CDU-Regiment,
Niemand lügt so wunderschön wie wir.

Wir sind vom Kohl-und-Koch-CDU-Regiment,
Große Täuschmeister, das sind wir.
Wir sind vom Kohl-und-Koch-CDU-Regiment,
Dummenfang, ja, das verstehen wir.
Wir haben selber uns
Jetzt in das Aus gebracht.
Doch bald sind wir
Schon wieder an der Macht.
Wir sind vom Kohl-und-Koch-CDU-Regiment,
Und was Wahrheit ist, bestimmen wir!

Ratschläge für Rufmord
Wird man einmal abgewählt,
Weil's Wählern an Vertrauen fehlt,
Kann man mit Anstand nicht verlieren.
O nein, man muß dann diffamieren.
Für Schweine in der Politik
Gibt es dann einfach kein Zurück.
Experten sind sie im Betrügen,
Entstellen und die Wahrheit biegen.
Verfehlen Lügen ihren Zweck,
Dann kommen sie mit dummem Dreck.
Der läßt sich immer finden,
Sucht man bei Jugendsünden.
Man gräbt dabei als großes Schwein
So richtig in den Schlamm hinein,
Tief in die Jauche und den Mist,
Bis endlich was zu finden ist.
Denn bei geübten Informanten,
Da werden Mücken Elefanten.
Drum füg' ich eine Liste an,
Die man dazu verwenden kann:

Mit fünf hat „Doktor" er gespielt
Und Evchen dabei abgefühlt.
Mit sechs, und das ist kaum zu glauben,
Stahl er von einem Weinberg Trauben.
Im zarten Alter von grad sieben
Hat er beim Willi abgeschrieben.
Und dann, er war gerade acht,
Hat er 'ne Fliege umgebracht.
Mit neun, das sollte jeder wissen,
Hat er ein Fenster eingeschmissen.
Mit zehn, wie könnt' es anders sein,
Da ging er angeln ohne Schein.
Mit elf, man weiß, wohin das führt,
Hat er 'nen Gartenzwerg beschmiert.
Mit zwölf, oh welche Übeltat,
Fuhr er mal heimlich Motorrad.
Im Alter von knapp dreizehn Jahren
Rauchte er bereits Zigarren.
Mit vierzehn hörte man ihn prahlen,
Er könne nackte Mädchen malen.
Mit fünfzehn schlich er in Spelunken
Und hat dort heimlich Bier getrunken.
Mit sechzehn knutscht' er ohne Scheu
Mit Elli in 'nem Haufen Heu.
Mit siebzehn, was sehr übel ist,
Hat er ein Denkmal angepißt.
Mit achtzehn hat er ungeniert
'Ne Pfarrerstochter defloriert.

MORAL:
Wer früh schon so ein Bösewicht,
Der taugt halt zum Minister nicht.

Zur Kasse, bitte

Ich hab's entdeckt und freu mich sehr
Und finde keine Ruhe mehr.
Ich ziehe jetzt, mit frohem Sinn
Zum Land der Einfaltspinsel hin.
Dort, wo sie zahlen und nicht beißen,
Die Esel die Dukaten scheißen.

Fordern werd' ich, für Generationen,
Milliarden nicht, nein, gleich Billionen.
Und jedermann aus aller Welt
Bekommt dann einen Haufen Geld.
Und haben wir ein bißchen Glück,
Bezahlen sie für weit zurück.
Mit mir, dem Anwalt aus Manhattan,
Könnt ihr all' auf Zaster wetten.

Dereinst, im Teutoburger Wald
Machte man viel Römer kalt.
Für diesen Schrecken ohne Ende
Zahlt Deutschland bald
An Rom Gedächtnisrente.

Viel zu wenig ist bekannt,
Daß Deutsche einst den Hus verbrannt.
Wenn jetzt nicht Sühnegelder wachsen,
Besetzt das Tschechenheer ganz Sachsen.

Der Papst ist sicher sehr gerührt:
Ablaß wird wieder eingeführt.
Für Ausfälle, die ihm entstanden,
Bezahlen Deutschlands Protestanten.

Auch Frankreichs Bauern kommen dran:
Flurschaden bei dem Ort Sedan.
Und auch Verluste bei dem Vieh;
1870, durch deutsche Infantrie.

Viel Geld wird kommen, wie ich ahne,
Vom Eis, das die Titanic traf.
Denn wir behaupten steif und fest,
es trug die deutsche Fahne.

'Nen Sonderfonds errichten wir
Für Schäden durch das Tsing-Tao-Bier.
Von deutschen Brauern eingeführt,
Hat's Chinas Sitten ruiniert.

Wird einst ein Raumschiff dort anlegen,
Wird es die Marser sehr erregen.
Doch die Behandlung für den Schrecken
Wird man mit deutschen Geldern decken.

Einheitsrente
Freut euch, Kinder, jetzt ist Wende.
Morgen kommt die Einheitsrente.
Jeder kriegt vom Bundespott
Die gleiche Rente bis zum Tod.
Das ist sozial und auch gerecht,
Denn niemand geht es dabei schlecht.

Seht, wie der Bundespräsident
Zur Zwei-Zimmer-Wohnung rennt.
Auf der Treppe plauscht mit Zahir Khan,
Dem Nachbarn, frisch aus Pakistan.

Der Kanzler, der ist auch sehr froh,
Hat Nachbarn jetzt vom Kosowo.
Hilft ihnen gern beim Kinderzählen
Und hofft, daß sie ihn wiederwählen.

Die Führerschicht der SPD
Fegt jetzt den Dreck und auch den Schnee.
Vom Trinkgeld zahlt sie allerlei,
Auch Mitgliedschaft in der Partei.

Manch mächtiger Gewerkschaftsboß
Sitzt ab von seinem hohen Roß.
Und ißt in seiner großen Not
Statt Kaviar jetzt Käsebrot.

Selbst die Fraktion der Grünen
Muß nun durch Arbeit Geld verdienen.
Dreiteil-Anzüge sind halt teuer
Und kaum erschwinglich durch die Steuer.

Die Schwarzen der Opposition,
Die freuen sich klammheimlich schon.
Linker Schwachsinn, allemal,
Hilft ihnen bei der nächsten Wahl.

III. Führernaturen

Die Zikaden sind wie die Politiker. Wenig beachtet, fressen sie für Jahre an den Wurzeln der Bäume. Aber dann kommt der Tag, an dem sie aus dem Boden steigen und sich in auffällige Wesen verwandeln. In letzterem Stadium setzen sie sich auf die Spitze der Bäume und richten dort weiteren Schaden an. Gleichzeitig versuchen sie, durch lautes Gezirpe von ihren Übeltaten abzulenken. Viele Leute freuen sich über den Krach und merken nicht, was wirklich abläuft. Die Vögel lassen sich aber nicht täuschen und fressen die Zikaden. Die Natur ist halt gütig. Wir können nur hoffen, daß die Gentechnik bald einen großen Vogel kreiert, der selektiv Politiker frißt.

Apropos Gene: wie entsteht ein Politiker? Ist er ein Produkt seiner Umwelt, oder ist er erblich belastet? Diese Frage ist von großer Bedeutung, aber ungeklärt. Verpetzt ein Schüler im Alter von zehn Jahren zum ersten Mal seine Klassenkameraden beim Lehrer, so dürfte ein Erziehungsschaden vorliegen. Das Kind kann wohl noch gerettet werden, etwa durch Klassenkeile. Überredet aber der dreijährige Max einen Freund, ihm für zwei Klicker vier derselben Art zu geben, dann handelt es sich um einen genetisch festgelegten Politiker. In dem Fall sollte man erwägen, Max im Ausland adoptieren zu lassen.

Die im folgenden gefeierten Führernaturen hätten wohl nichts von dem oben erwähnten Vogel zu befürchten. Selbst dem Geschmack eines Geiers sind Grenzen gesetzt.

Vollkohl
Als Helmut noch ein Köhlchen war,
Da sprach zu ihm die Frau Mama:
„Üb' immer Treu und Redlichkeit,
Dann bringst du es im Leben weit."

Klein-Köhlchen hat ihr zugehört,
Doch später sich nie dran gestört.
Es zog ihn in die Politik,
Dort stieg er aufwärts, Trick nach Trick.

Man machte über ihn viel Witze,
Doch plötzlich war er an der Spitze.
Nun war er halt kein Köhlchen mehr.
Nun war er Vollkohl und noch mehr.

Doch leider hat die große Macht
Ihn dann um den Verstand gebracht.
Jetzt glaubt er, er sei Sonnenkönig,
Gesetze scheren ihn sehr wenig.

Die Wahrheit will er uns nicht sagen,
Gibt keine Antwort auf die Fragen.
Für'n Rechtsstaat ist das ein Verhängnis.
Ein kleiner Mann käm' ins Gefängnis.

So trickste Kohl sein Leben lang,
Das ließ sich nicht vermeiden,
Denn wer ein Vollkohl werden will,
Der kohlt halt schon beizeiten.

Ein Koch verdirbt den Brei
Da ist ein Koch im Lande Hessen,
Der kocht ganz miserable Essen.
Hoch auf der Liste steht dabei
Ein Fraß mit Namen Rolandbrei.

Weiß man mehr von diesem Dreck,
Bleibt einem gleich die Spucke weg.
Weil es sehr bedenklich stimmt,
Was Roland alles dazu nimmt:
'Ne Schlangenzunge, die gern lügt,
Dann jammert, ablenkt und betrügt.
Und die selbst dann noch weiter droht,
Wenn das Tier schon beinah' tot.

Dazu ein Hirn, das wechselt flugs.
Mal spielt es Wurm, mal spielt es Fuchs.
Heut' weiß es jede Kleinigkeit,
Und morgen übt's Vergeßlichkeit.
Nun nimmt er noch 'ne dicke Haut,
Die hilft, wenn einem keiner traut.
Den Roland aber stört das nicht,
Und weiter kocht er das Gericht.

Jetzt wird's mit Helmutkohl garniert
Und weiter kräftig umgerührt,
Bis rabenschwarz die Schweinerei,
Und fertig ist der Rolandbrei.

In Karlsruh' hat er ihn serviert,
Die Richter waren sehr gerührt.
Sie haben gleich das Zeug geschleckt
Und noch die Teller abgeleckt.

Jedoch so mancher Mann der Straße
Verstopft vor Ekel seine Nase.
Die Tränen treibt's ihm ins Gesicht,
Weil dieser Brei entsetzlich riecht.

Und doch mußt' er den Roland wählen,
Weil ihn die Roten noch mehr quälen
Mit Steuern und mit Wahlbetrug,
Und davon hat er jetzt genug.
MORAL:
Ums Vaterland ist's schlecht bestellt,
Wenn man das klein're Übel wählt.

Der Versprecher

Als Gerhard in der Wiege lag,
Da hört' man Englein singen:
„Wie wunderschön ist dieses Kind,
gar weit wird er es bringen!"

Die Englein haben recht gehabt,
denn Schröder ist sehr hoch begabt.
Drum hat man, beinah' über Nacht,
zum Bundeskanzler ihn gemacht.

Es brachten ihn an dieses Ziel
Versprechen, die man hören will.
In aller Welt ist er beliebt,
Weil er, was er nicht hat,
So gern mit vollen Händen gibt.

So schlag' ich vor, daß unser Mann
Noch folgendes versprechen kann:
Den Beduinen Wasserbetten,
Den Bodokuten Stehtoiletten.
Mehr Buttermilch für Friesenkinder
Und Elefanten für die Inder.
Den Kölner Dom den Wahabiten
Und Kindergelder den Schiiten.
Mehr Subvention für Fabrikanten
Und Frühpension für Asylanten.
'Nen Flugzeugträger für Lake Nasser,
Den Serben blaues Donauwasser.
Ein Panzerkorps für Arafat,
Für Israel mehr Stacheldraht.
Dem Papst, denn so was sah der nie,
'Nen Heiligenschein mit Batterie.

Was ich für Doris rate, sag' ich nicht;
Doch bet' ich, daß er nächtens hält,
Was er ihr so am Tag verspricht.

IV. Staatssicherheit

Staatssicherheit ist meistens Symptomtherapie. Man schreit besonders laut danach, wenn man die Bürger über die Ursachen staatsbedrohender Mißstände täuschen will. Dabei kommt es zu skurrilen Maßnahmen. Ein Beispiel ist das Verbot von Hitlers „Mein Kampf". Man kann Günter Grass nur zustimmen, daß dieses langweilige und verwirrte Machwerk der deutschen Öffentlichkeit zugänglich gemacht werden sollte. Wenn die Bundesrepublik von Hitlers Quatsch bedroht wird, steht es in der Tat sehr übel mit ihr. In den USA kann man jederzeit im Buchhandel eine Übersetzung kaufen.

Falls den aberwitzigen Gehirnen in Berlin und den Landeshauptstädten nichts Verrückteres einfallen sollte: Wie wäre es mit dem Verbot des Koran und Marx' „Kapital"? Oder einem Strafantrag gegen den Autor dieses Büchleins?

Und da erhebt sich eine leider nicht grundlose Frage: Wer schützt uns vor unseren Schützern? Wann dürfen wir einen Index demokratiefeindlicher Bücher erwarten? Wann sind dann die verbotenen Bücher beim Scheiterhaufen abzuliefern?

Ich kann es kaum noch abwarten. Ich werde schon am frühen Mittag hingehen. Natürlich machen wir aber das Feuer erst an, wenn es dunkel ist. Dann spricht ein Bundestagsabgeordneter zu uns. Und dann noch einer. Und dann ein Vertreter des Bundespräsidenten. Und dann Vertreter unserer vier Hauptreligionen. Und dann reichen wir uns die Hände und singen alle „Flamme empor!". Um Mitternacht schweigen wir, um dem fernen Schluchzen eines Unholds zu lauschen, der im April 1945 zur Hölle fuhr. Ein paar Stunden später, ehe wir emotional angereichert nach Hause gehen, singen wir noch „Siehst du im Osten das Morgenrot?", und die Kinder haben nachher schulfrei.

Irrtum

Heinz Erhardt zum Gedächtnis

Heiapopeia, was raschelt im Stroh?
Das sind Extremisten, die freuen sich so,
Denn der BND, der sucht sie im Heu,
Heiapopeia, heissa toitoi.

Methode Bayreuth

Ede war ein schwerer Junge,
Kein Drohen löste seine Zunge;
Da griff ein schlauer Staatsanwalt
Zu Grausamkeit und zu Gewalt.
Er schickte ihn ins Frankenland,
Wo Ede denn auch bald gestand.
Denn dort, im kleinen Ort Bayreuth,
Da ist die Polizei gescheit.
Bevor sie ihm zum dritten Mal
'ne Wagner-Oper zeigten,
bat er um Mitleid auf den Knien
und hörte auf zu leugnen.

Ja, wie kommt's?

Seht ihr die Fahnen schwarz-weiß-rot?
Jetzt ist die Republik bedroht.
Woher sind all die jungen Braunen?
Mein Gott, man kommt nicht aus dem Staunen!
Oh Schreck, wie schnell die sich vermehren,
Wie soll'n wir uns dagegen wehren?
Mein Gott, was sollen wir nur machen?
Der Mielke und der Honecker,
Die rollen in den Gräbern rum,
Und lachen, lachen, lachen.

Der Kleine Terrorist

Verloren in Gedanken stand
Klein Doofie vor der Fahnenstange,
Ein Brot mit Würstchen in der Hand,
Doch plötzlich ward ihm bange.

Ein Herr im Trenchcoat sprach ihn an:
„Hallo, mein junger deutscher Mann!
Ich brauche Hilfe, sei so gut,
Ich bin vom Meinungsinstitut."

„Was denkst du, liebes Kind,
Wenn du die Bundesfarben siehst?
Sag's mir ins Ohr, ich zahle dir
Auch ein paar Gläschen Pilsner Bier."

Doofie, der noch unter Jahren,
Hatt' solche Wohltat nie erfahren
Und nahm an.
Schon nach einer Runde
Floß es aus seinem Munde:

„Die erste Farbe, glaube ich,
Gedenkt der vielen Toten,
Die für das deutsche Vaterland
In fremder Erde rotten.

Die zweite wurde hoch verehrt,
Von Nazis und von Roten;
Selbst in der Bundesrepublik
Hat man sie nicht verboten.

Die dritte kann ich kaum erklären,
Und wenn ich mich nicht irre,
Erinnert sie ans gelbe Zeug,
Das ich aufs Würstchen schmiere.

Da lächelte der Trenchcoat Mann
Und rief sofort die Kripo an:
„Kein Zweifel, dieser Knabe ist
Gefährlich und ein Terrorist."

Die Polizei kam angerast,
Denn schlimm war das Vergehen,
Und steckte Doofie in den Knast.
Dort muß er bald gestehen.

So weint er nun bei Tag und Nacht
In seiner Zelle, streng bewacht,
Von Türken und von Kurden,
Die deutsche Bürger wurden.

V. Gesellschaft

Bunte oder als ästhetisch empfundene Dinge machten wohl schon den gemeinsamen Vorfahren von Mensch und Schimpanse Freude. Diese Ur-Lust führte schließlich zu Ehrenzeichen, Fahnen und Uniformen. Bei Ehrentiteln hat die menschliche Einfalt eine evolutionäre Stufe weit oberhalb der Affen erreicht. Ja, und schon sind wir auf einem gefährlichen Pflaster.

Wir dürfen lachen, wenn die Affen im Zoo mit buntem Lappen Hallodri treiben; und die Affen werden dafür nicht bestraft. Machen wir uns aber über Fahnen lustig, dann kann uns das übel bekommen. Man stelle sich vor, ein Witzbold hißt die Bundesfahne vor einem öffentlichen Gebäude und trägt dabei ein Narrenkostüm. Sicher ist der Kerl strafbar – falls er nicht als echter Irrer anerkannt wird. Hißt er aber eine bunte Narrenfahne, kommt er vielleicht mit einer Verwarnung wegen Mißbrauchs von öffentlichem Gerät (Fahnenstange) davon.

Richten wir einen Schimpansen ab, die Bundesfahne zu hissen (richtig herum) und er tut seinen Job, dann bringen wir sogar den Bundesgerichtshof in Verlegenheit – denke ich jedenfalls. Besonders, wenn die Richter auf der Titelseite auf ihrer Hofzeitung lesen: „Grinsender Affe hißt Bundesfahne: BILD drückte ihm beide Daumen."

Nehmen wir noch ein Szenario: Ein Mann bepinkelt die Bundesfahne in der Öffentlichkeit. Juristisch ein klarer Fall. Der Kerl muß ins Loch und/oder tief in die Tasche greifen. Tut ein Affe spontan dasselbe, dann hat das für den Besitzer keine ernsthaften Folgen – solange er nachweisen kann, daß sich der Affe nicht hindern ließ.

Ebenfalls unbestraft bliebe das Bepinkeln der Fahne des jeweiligen Feindes der Nation, ganz gleich, ob durch Affe oder Mensch. Kurzum, liebe Mitpisser: ehe ihr das nächste Mal einen zieht, erst die Lage überdenken!

Ein naheliegendes Thema ist natürlich das Verleihen von Orden. Letzteres ist nicht immer gefahrlos. Besonders, wenn man zu weit geht, wie bei der Schaffung des Kreuzes für national gesinnte Zootiere. Auf Anregung des Bundestierministeriums wird es an langem Band am Hals getragen. Beim Storch war die Verleihung kein Problem. Bei der Giraffe mußte man eine Leiter nehmen. Beim Elefanten brauchte man lange, um es über die großen Ohren zu zwängen. Beim Tiger ging etwas schief, denn der Beauftragte des Bundespräsidenten verschwand. Beim Säubern des Käfigs fand man später das Kreuz. Es war halt unverdaulich.

Sobald ich mein Kreuz bekomme, beiße ich erst hinein, um sicher zu gehen, daß es kein Scherzartikel aus Pappe ist. Das sollten Sie auch tun, wenn Sie an der Reihe sind. Bei der kritischen Finanzlage des Bundes könnte man versuchen, gerade bei Ihnen zu sparen.

Mehr Kreuze, bitte

Wenn manche auch darüber lachen,
Es ist Erfahrung und kein Witz,
Daß Orden Patrioten machen.
Drum sollte die Regierung eilen,
Recht viele Kreuze zu verteilen,
Und sich dabei auch nicht genieren
Noch neue Klassen einzuführen:
Das Kreuz in Schwarz für Schornsteinfeger,
Das Kreuz in Grün für Kammerjäger,
Das Kreuz in Weiß für Zuckerbäcker,
Das Silberkreuz für Apotheker,
Das Kreuz am Stiel für Eisverkäufer,
Das Kreuz in Blau für schwere Säufer,
Das Kreuz mit Chrom für Schlittschuhläufer,
Das Doppelkreuz für Wiedertäufer,
Das Kreuz mit Klecks für Zeitungsboten,
Das Kreuz in Braun für Vollidioten.
Und schließlich noch ein Kreuz in Grau,
Für Deutschlands letzte Wartefrau.

Orden für Alte

Man sieht's auf Bällen und Empfängen,
Von Hälsen und auch tiefer hängen:
Ein nettes Kreuz, ganz ohne Haken,
Das meist von reifen Herr'n getragen.
Wenn so ein Greis 'nen Orden trägt,
Erhofft er Achtung und Respekt.
Doch fragt sich nun manch and'rer Mann,
Ob man nicht etwa schließen kann,
Daß eine Diskrepanz besteht
Zwischen Kreuz und Kraft im Bett.

Honoris causa

Einst sprach der Hammel zu der Kuh:
„Mein liebes Kind, nun hör mal zu!
Schlecht ist unser Futter nicht,
Doch denke ich, auf lange Sicht
Gibt's mehr für Protestieren
Und schrecklich lautes Lamentieren."

Dem widersprach die Kuh;
„Nein, viel besser als beschweren
Ist's, den Bauer hoch zu ehren.
Und dazu ist das beste Mittel:
Man gibt ihm einen Ehrentitel."

„Genial", wieherte das Pferd,
Denn es hatte zugehört.
„Ernennt ihn doch zum Ehrenhahn,
Das hört sich ziemlich würdig an."

„Ach nein", rief da das Schwein,
„Ein Ehrentier sollt' größer sein.
Wie wär's mit Ehrenelefant,
Das klingt doch wirklich imposant."

Die alte Ziege aber sprach:
„Nun denkt doch mal vernünftig nach.
Wir sollten es nicht übertreiben
Und lieber auf dem Hofe bleiben.
Wir fangen mit dem Esel an,
Und jährlich kommt ein and'rer dran."

Mit diesem Vorschlag ging man dann
Zum überraschten Bauersmann,
Der mit Freuden akzeptierte,
Was man ihm trickreich präsentierte.

Nun fühlt er sich sehr hoch geehrt,
Dem Vieh wird jeder Wunsch gewährt;
Und dafür kriegt er Jahr für Jahr
Gar prächtige Insignia.

So schreitet er gar stolz einher,
Mit Ringelschwanz und Eselsohren;
Doch jeder in dem Dorfe denkt,
Er hätt' sein Hirn verloren.
Die Moral von der Geschicht':
Für dumme Titel fällt man nicht.
Doch solchen Blödsinn gibt es ja
Recht oft in Academia.

Miau! Miau!

Erzählte doch mein Freund Sepp, und er war nicht besoffen, daß bei einem Kommers seines studentischen Corps zwei Mädchen einer Schwesterverbindung mit gezogenen Säbeln die Gäste grüßten. Diagnose: Extremitätenneid, erweckt durch optimistische Vorstellungen. Autsch, tut das weh!

Corpsstudentinnen sollten einen Komment finden, der weiblichen Wesen mehr angemessen ist. Das heißt natürlich, man duelliert mit Zähnen und Fingernägeln. Das könnte lustig sein. Etwa so:

„Warte, wie ich dich gleich kriege!"
„Denkste, du Toilettenfliege!"
„Siehste, nun hast du 'ne Kratze,
In deiner schrecklich dummen Fratze."
„Au miau, mein Ohr ist weg!"
„Guck, jetzt spuck ich's in den Dreck."
„Au miau, mein schöner Rücken!"
„Zerkratze ich dir mit Entzücken."
„Au, du quetschst ja meinen Busen!"
„Denkste, wir wär'n hier zum Schmusen?"
„Au miau, du reißt mein Haar!"
„Das macht Spaß, hahaha!"
„Ergib dich, um das Schlimmste zu verhindern!"
„Halt's Maul, jetzt beiß ich deinen Hintern."
"Au miau, das ist nicht fair! Beißt du mich da, beiß' ich noch mehr."

In diesem Moment springen die besorgten Sekundantinnen ein.

VI. Politisch verwirrt

Die „Politische Korrektheit" oder „the American disease", wie sie mein britischer Herausgeber nennt, verwirrt so manches Gehirn. Daß man in Deutschland den Blödsinn auf die Spitze treiben würde, war zu erwarten. Selbst in den USA hat man noch kein neues Wort für „Gipsy" erfunden. In Deutschland hat man „Zigeuner", einen uralten Begriff, zur Diffamierung gemacht. Als ob das die Vergangenheit auswischen könnte.

Jetzt stehen die Theaterleiter vor dem Problem: Was tun mit der „Zigeunerliebe" von Franz Lehár? Wird sie als „Romaliebe" oder als „Sintiliebe" aufgeführt? Besser, wohl gar nicht; denn, ist es Roma, werden die Sinti sauer und umgekehrt. Und in beiden Fällen müßte man mit Demonstrationen deutscher Jungnarren rechnen. Ja, und dann ist da dasselbe Problem mit der Operette von Johann Strauß. Oma will nun mal ihren „Zigeunerbaron" sehen. Steht der nicht auf dem Programm, wie jedes Jahr, kündigt sie ihr Abonnement.

Aber was sich erst in Verdi's „Troubadour" abspielt – nein, ich wage kaum darüber nachzudenken. Was hier seit 150 Jahren an Vorurteilen mit Musik untermalt wird, ist einfach präfaschistoid und zeigt, was damals schon die Italiener dachten. Die Oper ist für die Bühne nur noch zu retten, wenn man das Libretto umschreibt und alle Bösen zu Nazis macht. Dabei würde ich empfehlen, die Kindesräuberin mit dem NS-Mutterkreuz auftreten zu lassen.

Und wenn ich an die Oper „Carmen" denke, dann bin ich so empört, daß ich meinen Spanienurlaub absagen möchte. Aber ach, da würde ich die Falschen strafen. Bizet, der Komponist, ist ja Franzose!

Schlimmes ist schon passiert. Der kleine Moritz und seine Freundin waren zum Abendessen im „Romakeller". Jetzt glauben sie, Paprikagulasch und Tokaier sind das italienische Nationalgericht.

Ich weiß nicht, wie man im Moment einen Neger bezeichnet. Das ist auch nicht so wichtig, denn morgen ist er sicher wieder was anderes.

Und wer das dann nicht weiß, ist ein Rassist. Vielleicht sollte man ein jährliches Preisausschreiben für einen neuen Namen veranstalten. Erster Preis: ein Negerkuß (vom Zuckerbäcker). Grundbedingung für die Teilnahme: kein Wort mit Schwarz oder Schwartz, denn das könnte Mitbürger wie Itzak Schwarz und Myriam Schwartzmann beleidigen. *À propos*: Da haben wir noch ein Dilemma. Was ist ein „Antisemit"? Einer, der Juden und Araber haßt? Einer, der nur Juden haßt? Einer, der nur Araber haßt? Gibt es jüdische oder arabische Antisemiten? Wenn diese Fragen Sie verwirren, stehen Sie nicht allein da. Adolf Unselig betrachtete sich gleichzeitig als Antisemit und Freund des Großmufti von Jerusalem. Die politisch korrekten Schreihälse dieser Welt sind herausgefordert, das „Semit"-Problem elegant zu lösen – nachdem sie ein paar Bücher gelesen haben.

Romaliebe

Paulinchen hatte einen Roma,
Der trieb es schon mit ihrer Oma,
Und auch mit ihrer Tante,
Die ihn „Zigeuner" nannte.
Da rannte er zu der Behörde,
Die akzeptierte die Beschwerde.
Die Tante kam noch glimpflich weg,
Mit ernsthafter Verwarnung,
Und kochte ihm ein Romasteak.
Da schleifte er sie vors Gericht,
Eiskalt, zum zweiten Male:
Sie habe mit dem Steak gesagt,
Er sei ein Kannibale.

Der Tschechier

Mit Christian Morgensterns Hilfe
Vom Lande hinterm Böhmerwald,
Da kam ein Mann, er war schon alt;
Er trat auf einen Lehrer zu

Und sprach:
„Mein Freund, mir fehlt die Ruh'.
Ich weiß nicht mehr, was ich jetzt bin,
Und das verwirrt mir sehr den Sinn;
Und außerdem ist's widerlich,
drum, bitte, informiere mich."

„Du warst", so hob der Lehrer an,
„des alten Kaisers Untertan.
Als solchen nannt' man Boehme dich,
Und das war sicher fürchterlich.
Du wolltest doch kein Deutscher sein!
Brach dann die Republik herein,
Halfst du mit Entzücken,
Minoritäten unterdrücken.

Jetzt warst du Tscheche, Herrscherkaste,
Die alle Rechte sich anmaßte.
Den andern ging's oft miserabel,
Und drei Millionen Deutsche waren
„Quantité négligeable".
Der Staat hieß Tschechoslowakei,
Und kürzer einfach: die Tschechei,
Und keiner dachte was dabei.
Und selbst als dann die Nazis kamen,
Ließen sie den alten Namen.
Ihr bliebt die Tschechen wie schon je,
Auch im Protektorat;
Und dann in eurem zweiten Staat.
Brach der schließlich auch entzwei,
Blieb eure Hälfte die Tschechei.
Doch deutsche Einfalt konnt nicht ruhn,
Und mußte euch was Gutes tun.
Darum ist jetzt dein Heimatland
Bei uns als Tschechien bekannt.

So bist du Tscheche nun nicht mehr,
O nein, jetzt bist du Tschechier!"
Gerührt von dem Komparativ
Verneigte sich der Alte tief
Und bat: „Beuge mich."
„Der Tschechier", sprach der Lehrersmann.
„Des Tschechiers, Genitiv sodann.
Dem Tschechier, Dativ wie man's nennt.
Den Tschechier, damit hat's ein End."
Dem Alten schmeichelten die Fälle,
Er rollte seine Augenbälle.
„Indessen", bat er, „füge doch
Zur Einzahl auch die Mehrzahl noch."
Der deutsche Lehrer aber mußte
Gestehn, daß er von ihr nichts wußte.
Bei Tschechen sei der Plural klar,
Doch Tschechier wär nur Singular.

Dem Alten leuchtete dies ein,
Denn's könnte ja noch schlimmer sein.
So gäb's im deutschen Sprachgebrauch
Sehr bald wohl Slowakeier auch.

Die Geschichte von den drei weißen Buben
Bearbeitung des „Struwwelpeter" für Goethe-Institute in Afrika
Am Ufer des Nyassa See,
Da schritt ein Mann, so weiß wie Schnee.
Die Sonne schien ihm aufs Gehirn,
Drum trug er seinen Sonnenschirm.
Doch Ruhe leider er nicht fand,
Denn Knaben kamen angerannt.

Die schrien und lachten alle drei,
Als dort der Weiße ging vorbei,
Weil er so bleich wie Molke sei.
Da kam der große Nikolas
Mit einem großen Boraxfaß.
Der sprach: „Ihr Kinder, hört mir zu,
Und laßt den weißen Mann in Ruh'!
Was kann der Bläßling denn dafür,
Daß er nicht schwarz ist so wie ihr?"
Die Buben aber folgten nicht
Und lachten ihm ins Angesicht
Und hänselten den Armen,
Ohne Mitleid und Erbarmen.

Voll Wut griff Niklas nun die drei,
Egal wie laut ihr Wehgeschrei.
Obwohl ein jeder „Hilfe" rief,
Tunkt er sie in die Bleiche tief.
Bis übern Kopf, mit großer Wonne
Steckt er sie in die Boraxtonne.

Jetzt sind sie weißer noch als Schnee,
Und ihre Haut tut schrecklich weh.
Es brennt der heiße Sonnenschein,
bis auf die Knochen, tief hinein.
Und hätten sie nicht so gelacht,
Hätt' Niklas sie nicht weiß gemacht.

VII. Für Pädagogen

Lehrer haben es in der Deutschen Bundesrepublik nicht leicht. Besonders nicht in den Städten, und schon gar nicht, wenn sie kein Türkisch verstehen. Die Verantwortlichen an der PISA-Katastrophe versuchen, die Schuld auf die Lehrer abzuschieben. Die Realität des Schulunterrichts scheint die Kaste der Kulturpolitiker wenig zu rühren. Für sie ist das Wichtigste ihr Überleben der nächsten Wahl. Danach kann man ja vielleicht umsteigen, etwa vom Kultusminister in das Amt eines Sonderministers für belegte Brötchen.

Im folgenden finden Sie drei Selbsttests für Lehrer mit noch etwas Humor. Wahrscheinlich könnte kein einziger deutscher Kulturpolitiker alle Sachfragen beantworten, wenn sie in ernsthaftem Format gegeben würden. Falls ein Kultusminister anderer Meinung ist, kann er/sie sich jederzeit von Hänschen Sachs prüfen lassen. Der Schwierigkeitsgrad wäre derselbe, und achtzig Prozent korrekte Antworten sind zum Bestehen nötig. Und wie eingangs erwähnt, gibt es 20% Sonderbonus für Politiker.

Nehmen Sie also bitte die folgenden Tests und senden Sie das Ergebnis an Ihren Kultusminister (oder was immer der Titel des Schädlings) – vielleicht merkt er/sie etwas!

Reifeprüfung für Erzieher

Achtung: Nur grüne Tinte verwenden!

Name:
Alter (bei Geburt):
Geschlecht bei Studienbeginn:
Geschlecht bei Studienende:
Religion:
Haarfarbe:
Schuhgröße:

POLITISCHE KORREKTHEIT steckt noch in ihren Kinderschuhen.
Der folgende Test wird zeigen, ob du für die Zukunft vorbereitet bist.

Achtung: Kreuze bei den folgenden Wortpaaren das entschieden bessere an.

Hinweis: Vermeide abgenutzte Begriffe

TEST:

A. Personen und Berufe

Bäcker	_____	Teiger	_____
Bankier	_____	Zinsgeier	_____
Bürokrat	_____	Aktenschoner	_____
Homosexueller	_____	Gleichler	_____
Jäger	_____	Bängwalt	_____
Jungfrau	_____	Zögerling	_____
Knabe	_____	Wächstel	_____
Lehrer	_____	Stußvogel	_____
Metzger	_____	Würstling	_____
Neger	_____	Sonnenprinz	_____
Nutte	_____	Erectrice	_____
Soldat	_____	Tötler	_____
Steuerzahler	_____	Idiot	_____
Toter	_____	Gräbling	_____

B. Begriffe aus dem Alltag

Degen   _____   Feinstecher   _____

Herren WC   _____   Penikothek   _____

Kanone   _____   Großkille   _____

Motorrad   _____   Machomat   _____

Pistole   _____   Zwergbänge   _____

Uniform   _____   Kampfkittel   _____

C. Staatsbürgerkunde

Achtung: Im folgenden neues Test-Format!

Wähle die PASSENDE KOMBINATION der folgenden mit weiter unten gegebenen Wörtern:

Bundesadler   _____

Bundeskanzler   _____

Bundespräsident   _____

Bundesrat   _____

Bundesregierung   _____

Bundesnachrichtendienst   _____

Bundestag   _____

Jedes einzelne dieser Wörter kann mehr als einmal verwendet werden oder gar nicht:

Blindekuh	Bruder Langohr
Ehrenmann	Flattergreif
Lügner	Megalomanenklub
Patrioten	Pfründenheim
Rentenklau	Schnüffler
Selbstbediener	Wiederkäuer

Test für Geschichtslehrer

Achtung: Für jede Frage kann nur eine Antwort akzeptiert werden. Politisch Interessierte, gleich welchen Entwicklungsstadiums, müssen sich also klar entscheiden.

1. Hannibal, der Hasdrubäer,
Rückte einst den Römern näher,
Während die Legionen rannten
Vor seinen großen Elefanten.

        Stimmt so ungefähr_____Quatsch _____

2. Die Pikten, ein Indianerstamm,
Ursprünglich aus Alaska kam.
Viel Weißen machten sie Garaus
Und rotteten die Büffel aus.

        Stimmt_____Quatsch_____

3. Petrus, Papst von Rom,
Predigte im Stephansdom.
Dort sprach er, weil es wichtig war,
Zu allem nur *ex cathedra*.

        Stimmt_____Quatsch_____

4. Pippin war ein Kleiderschrank,
Der sich leider oft betrank;
Drum hat ihn in der Hochzeitsnacht
Krimhilde trickreich umgebracht.

        Stimmt_____Quatsch_____

5. Die Hunnen waren Südgermanen
Und somit klar der Bayern Ahnen.
Doch anders ist es mit den Polen,
Die stammen ab von den Mongolen.

        Stimmt_____Bzdura/Quatsch_____

6. Angeln, Sachsen, Jüten, Friesen,
Sich froh in England niederließen.
Das ging, bis die Normannen kamen,
Und dort die Herrschaft übernahmen.
                    Stimmt_____Quatsch_____

7. Die alten Preußen waren Balten
Und wollten sich noch mehr entfalten.
Doch ihren Nachbarn war's ein Graus,
Drum wischten sie die Preußen aus.
                    Stimmt_____Quatsch_____

8. Westgotenkönig Alarich,
Der war ein schlimmer Wüterich,
Bis er dann am Busento starb,
Doch niemand fand bis jetzt sein Grab.
                    Stimmt_____Quatsch_____

9. Karl der Große war ein Franke,
Ein Riesenreich war sein Gedanke.
Die Langobarden hat er klein gemacht
Und viele Sachsen umgebracht.
                    Stimmt_____Quatsch_____

10. Des Reiches erste Universität
Stolz in der prager Altstadt steht.
Den Tschechen paßt das nicht so ganz,
Sie tun sich schwer mit Toleranz.
                    Stimmt_____Quatsch_____

11. Die Borgias waren gute Christen,
Die keinen Gottesdienst vermißten.
Durch Inbrunst bei Gebeten
Sind sie hervorgetreten.
                    Natürlich_____Quatsch_____

12. Ein Mönch mit Namen Luther
War wirklich so kein guter.
Einst trat er aus dem Kloster aus
Und gründete ein Freudenhaus.

Typischer Protestant_____Quatsch_____

13. Durch die Pragmatische Sanktion
Verlor ein Kaiser seinen Thron.
Mit Hilfe von den Polen
Konnt' er ihn wieder holen.

Stimmt_____Quatsch_____

14. Es lebte einst ein Alter Fritz,
Der sprach Französisch mit viel Witz.
Er siegte in der Schlacht bei Leuthen
Und konnt' viel Kriegsgerät erbeuten.

Stimmt_____Falsch_____

15. Napoleon, könnt' es anders sein,
War lebenslang ein Sittenschwein.
Selbst auf der Insel Elba
Verführte er die Dame Melba.

Typischer Franzose_____Quatsch_____

16. Ein Sieg im Krieg mit Mexiko
Machte viele Yankees froh.
Den Mexikanern war's ein Schreck:
Die Hälfte ihres Staats ging weg.

Stimmt_____Quatsch_____

17. Karl Marx, ursprünglich Bauarbeiter,
Dann Kommunisten-Vorbereiter,
Schrieb sein Buch „Das Kapital",
Weil August Bebel es befahl.

Stimmt_____Quatsch_____

18. Eduard Beneš war ein Philanthrop,
Die Deutschen singen gern sein Lob.
Gar viele schickte er auf Reisen,
Wofür sie ihn noch heute preisen.

Stimmt_____Quatsch_____

19. Zuerst war Hitler Hühnerzüchter
Und Göring nur bekannt als Dichter.
Jung Goebbels war Stafettenläufer
Und Himmler Marzipanverkäufer.

Stimmt_____Quatsch_____

20. Östreich ist ein Küstenland
Und in der ganzen Welt bekannt
Als eine neue Monarchie.
Doch Nazis gab's in Östreich nie.

Stimmt_____I versteh net_____

Test für Geographielehrer

Zwanzig geographisch-politische Doppelfragen. Entweder sind die beiden Antworten einer Doppelfrage richtig, oder beide sind falsch. Solltest du alle Fragen richtig beantwortet haben, behalte es für dich. Qualifikation könnte deiner Karriere hinderlich sein.

	STIMMT	FALSCH
1. In Singapur gibts viel Chinesen. Helmut Kohl liebt gutes Essen.	————	————
2. Der Ainu lebt auf Sachalin, Viele Irre gibt es in Berlin.	————	————
3. Das Rote Fort in Moskau steht, Der Kanzler oft zur Kirche geht.	————	————
4. Der Vogel Strauß im Urwald rennt, Der Bundestag ist kompetent.	————	————
5. Im Süden die Orange blüht, In Frankfurt man auch Deutsche sieht.	————	————
6. In Ungarn ißt man Schweinefleisch, Der Hitler stammt aus Österreich.	————	————
7. Manch' Beuteltier lebt in Tasmanien, Die Steuerzahler flieh'n nach Spanien.	————	————
8. Die Isle of Man gehört den Briten, In Deutschland gibt es auch Schiiten.	————	————
9. Im Samland man nach Bernstein buddelt, In Straßburg wird viel Lob gehudelt.	————	————

10. Am Äquator fehlt der Schnee,
Des Kanzlers Reden tun nicht weh.
_____ _____

11. Der Eisbär vor der Robbe flieht.
Im Bundestag man Fortschritt sieht.
_____ _____

12. Vulkane fehlen auf Hawaii.
Die Grünen sind eine Partei.
_____ _____

13. In Holland züchtet man Salat.
Berlin zu viel Minister hat.
_____ _____

14. Die Anden sind zum Teil vereist.
Der Bundestag sehr gerne reist.
_____ _____

15. Das Dromeda lebt in den Suhlen.
Wir sind sehr stolz auf deutsche Schulen.
_____ _____

16. Viel Hindus gibt's am Ararat.
Der Kanzler wenig Ärger hat.
_____ _____

17. Am Kongo gibt es Pyramiden.
Der Bundestag hat keine Nieten.
_____ _____

18. Im Feuerland gibt's viele Feuer.
Berlin verzichtet auf mehr Steuer.
_____ _____

19. Das Zebra frißt sehr häufig Aas.
Das Kabinett taugt wirklich was.
_____ _____

20. Hoch im Gebirge lebt die Gemse.
Der Kanzler ist des Fortschritts Bremse.
_____ _____

Geistesgegenwart für Festredner

In manchen Bundesländern bemüht man sich bei jeder Gelegenheit, den deutschen Nationalmasochismus zu fördern – selbst wenn die Gelegenheit keine ist. Besonders wichtig ist dabei der Einsatz von Festrednern in Schulen. Natürlich muß der Vortragende genau wissen, zu wem er spricht. Ein aufgeklärtes Publikum ist des Redners ärgster Feind. Und manchmal sitzt der Feind dort, wo man ihn gar nicht vermutet.

Das mußte auch mein Freund Jürgen lernen. Es geschah während seiner Rede zum Anti-Anschluß-Gedenktag, an dem sich deutsche Politiker bei den Oesterreichern entschuldigten.

Jürgen stieg auf das Rednerpult einer Grundschule. Als geübter Sprecher stimmte er die Hörer schnell auf seine Welle ein. Diesmal mit Kommentaren zur Sittenlosigkeit von Adolf und Eva. Das ging wie nichts, denn die Kinder hatten schon lange geahnt, daß Hitler böse war.

Dann kam er zur Sache: „Die deutschen Kolonnen rollten erbarmungslos über die Donau, während die erschütterte Bevölkerung schweigend zusah."

Er drehte sich um zur Landkarte und folgte mit dem Stock dem Lauf der Elbe. „Ja, liebe junge Freunde", und nun war seine Stimme gebrochen, „dieses kleine Ländchen war dem Tyrannen hilflos ausgeliefert."

Dabei fuhr der Stock weiter, diesmal um die Halbinsel Jütland, und stoppte am Kleinen Belt. „An diesem trüben Gewässer liegt die Geburtsstadt des Diktators. In der alten Zeit hieß sie Blaunau. Es schmerzt mich zu sehr, ihren heutigen Namen auszusprechen."

Er wischte eine imaginäre Träne und lauschte dem ergriffenen Schweigen seiner Hörer.

Plötzlich kam es aus Kindermund: „Aber Sie zeigen uns doch Dänemark!"

Jürgen blickte auf die Karte, und schon entfuhr es seinen Lippen: „Du hast recht, man hat das Ding aus Versehen falsch aufgehängt."

Flugs drehte er eigenhändig die Karte um und wendete sich an die Schüler: „Könnt ihr nun mitlesen?"

„Nee", erscholl der Chor, „die Buchstaben stehen auf dem Kopf."

„Das sieht nur so aus, Kinder. Die Karte ist in Althochdeutsch beschriftet. Vielen Dank für eure Hilfe. Kehren wir also zu den Tatsachen zurück!"

VIII. Für Kinder

Eine ganze Kinderkultur ist über uns hereingebrochen. Man bemüht sich, Kinder so früh wie möglich in unsere moderne Gesellschaft zu integrieren. Dabei geht es auch darum, sie mit politischem Denken vertraut zu machen. Das läßt sich bereits im Kindergarten mit einfachen, verständlichen Fragebogen leicht erreichen.

Zum Beispiel: Auf einem Blatt Papier sind vier Bilder: Die Kindergärtnerin mit geballter Faust, eine Nonne mit erhobenem Finger, die böse Hexe, eine Eisverkäuferin. Die Kinder werden gebeten, mit einem Buntstift das Porträt der liebsten Person anzukreuzen. Das Ergebnis der Umfrage sollte übrigens für die Festsetzung des nächsten Gehaltes der Kindergärtnerin hilfreich sein.

Ein weiteres Beispiel: Auf dem Blatt sind wieder vier Bilder. Sie zeigen: Der Metzger sticht mit langem Messer ein Schwein; die Führerin der Opposition zieht ein kleines Mädchen am Haar; der Teufel schluckt ein Baby; der Bundeskanzler streichelt ein Kätzchen. Auch hier geht es um die liebste Person.

Kindern mit etwas Lesekenntnis kann man kritisches Denken auch auf andere Art vermitteln. Dazu reicht ein Plakat am Eingang der Schulen mit den folgenden vier Bildern: (1) Mann mit Turban droht mit einer Kalaschnikow. Unterschrift: *Kein Taschengeld für den!* (2) Bischof streckt segnend beide Arme aus. Unterschrift: *Nicht darauf hereinfallen!* (3) Bettler hält seinen Hut hin. Unterschrift: *Der macht es sich zu einfach!* (4) Kasten mit der Aufschrift „Parteispende". Im Hintergrund Porträt des Bundeskanzlers (mit Tonsur). Unterschrift: *Wenn der Euro in dem Kasten klingt, der Kanzler Glück und Wohlstand bringt!*

Kinder leiden heute an Konzentrationsschwäche. Viele Gründe werden genannt und Heilung scheint in weiter Ferne. Dabei wird ein einfacher, praktisch kostenloser Weg übersehen, der schnell eine Wende bringen könnte: Wie im folgenden gezeigt, lassen wir Kinder vom dritten Lebensjahr an Zweizeiler reimen, die ihre Gedankenwelt reflektieren. Das ist gut für die geistige Entwicklung und gibt dem

Lehrer Hinweise für den Unterricht. Kürzlich ausgebildete Pädagogen werden dabei entdecken, daß Jungen und Mädchen manchmal unterschiedlich denken. Im übrigen sollten komplexe politische Sachverhalte den Kindern in der Form heiterer Spiele vermittelt werden. Das hier gewählte Beispiel einer Regierungsbildung zeigt, wie man schon früh das staatsbürgerliche Verständnis fördern kann.

Aus dem Bundeswettbewerb „Kinder reimen wieder"
Die Verslein von Heino und Henriette:

DREI JAHRE:
Ich bin klein, mein Herz ist rein,
Ich möchte Bundeskanzler sein.
Heino
Ich bin klein, mein Herz ist rein,
Ich möchte Frau des Kanzlers sein.
Henriette

VIER JAHRE:
Warum nur keiner mir erzählt,
Was unten bei der Henni fehlt.
Heino
Kommt Heino ohne Kleider raus,
Sieht er unten anders aus.
Henriette

FÜNF JAHRE:
Ich sah dem Lehrer sein Gesicht.
Nein, die Schule mag ich nicht!
Heino
Puppen find' ich lächerlich,
Doch auf die Schule freu' ich mich.
Henriette

SECHS JAHRE:
Die Schule ist wie ein Gefängnis,
Und Pauker, die sind mein Verhängnis.
Heino
In die Schule geh' ich gerne,
Weil ich dort so vieles lerne.
Henriette

SIEBEN JAHRE:
Erschein' ich nicht zur rechten Zeit,
Gibt mir der Lehrer Strafarbeit.
Heino
Ich komme stets zur rechten Zeit
Und liebe meine Schularbeit.
Henriette

ACHT JAHRE:
Haut mich heut' der Weihnachtsmann,
Beiß ich ihn so fest ich kann.
Heino
Haut mich heut der Weihnachtsmann,
Fühlt es sich so herrlich an.
Henriette

NEUN JAHRE:
Spiel ich mit Henni in dem Bad,
Wird das Ding so richtig hart.
Heino
Kommt Heino aus dem Wasser raus,
Sieht das Ding viel kleiner aus.
Henriette

ZEHN JAHRE:
Komm' ich im Zoo zum Haus der Affen,
Weiß ich, warum die Leute gaffen.
Heino
Wenn wir im Zoo die Affen sehen,
Drängt Mama mich zum Weitergehen.
Henriette

ELF JAHRE:
Ich tauge nicht zum Sängerknaben,
Drum möcht ich eine Freundin haben.
Heino
Ich möchte einen Sängerknaben
Viel lieber als 'ne Freundin haben.
Henriette

ZWÖLF JAHRE:
Die Henni kratzte mein Gesicht,
doch's nächste Mal entkommt sie nicht.
Heino
In meinem Herzen toben Triebe,
Doch Heino ist zu dumm für Liebe.
Henriette

DREIZEHN JAHRE:
Faßt mich jetzt ein Mädchen an,
Fühl' ich mich als ganzer Mann.
Heino
Der Lehrer ist ein schöner Mann,
In den man sich verlieben kann.
Henriette

VIERZEHN JAHRE:
Auf dem Weg zum Ziel
Stören Büstenhalter viel.
Heino
Erreichte mich die Pubertät,
Kam meine Mutter schon zu spät.
Henriette

FÜNFZEHN JAHRE:
Marihuana find' ich toll,
Viel besser noch als Alkohol.
Heino
Küssen, das ist keine Sünd,
Doch was danach kommt, ganz bestimmt.
Henriette

SECHZEHN JAHRE:
Ich möcht in Treuenbrietzen,
'Nen Pornoshop besitzen.
Heino
Ich testete so manchen Mann,
Doch jetzt kommt nur noch Hassan ran.
Henriette

SIEBZEHN JAHRE:
Für Arbeit hab' ich kein Talent,
drum möchte ich ins Parlament.
Heino
Was die uns in Berlin erzählen,
Nimmt jedermann den Spaß am Wählen.
Henriette

ACHTZEHN JAHRE:
Da Politik zu schmutzig war,
Bin ich jetzt Chef der Eros Bar.
Heino
Da reguläre Arbeit mies,
Tanz' ich bei Heino jetzt Striptease.
Henriette

REGIERUNGSBILDUNG

Kommt her, ihr Kinder, und seid nett,
Wir spielen heute Kabinett.
Mit Kanzler und Koalition,
Mit Zank um jede Position.
Doch stimmen voll wir überein:
Kein Fachmann darf Minister sein.
Denn nur wer unbekümmert schwätzt,
Wird von dem Stimmvieh hoch geschätzt.

Als Kanzler schlag' ich Otto vor,
Der singt so gern im Schülerchor.
Auch hat ihm kaum geschadet,
Daß man ihn heiß gebadet.
Diskutieren wir die Politik,
Hat er nicht seinesgleichen.
Nur schreibt er Bundesrat mit ‚D',
Und glaubt, das Ding hätt' Speichen.

Die Ute ist zwar wirklich nett,
Doch leider ist sie schrecklich fett.
Da fällt mir etwas Schlaues ein:
Agrarminister soll sie sein.
Die Bauern wird das wohl erregen,
Denn sie glaubt,

Daß Hähne Eier legen,
Die Schafe von Kartoffeln leben,
Und Bienen an den Blüten kleben.
Das läßt uns aber ungerührt,
Weil ein wirklich simpler Trick
Ganz rasch aus dem Dilemma führt:
Wir schenken ihr ein Bilderbuch,
Und schon wird's anders sein.
Da lernt sie schnell den Unterschied
Von Ziegenbock und Schwein.

Der Karl mit seiner Mohawk-Mähne,
Ring im Ohr und gelb die Zähne,
Schwierig ist er stets gewesen,
Er kann nicht schreiben und nicht lesen.

Durchdenkt man, bei dem Ernst der Lage,
Den schweren Fall gewissenhaft,
So ist sein Amt gar keine Frage:
Minister für die Wissenschaft.
Möchte man sein Programm hören,
Läßt er folgendes erklären:

„Zuerst, ich bleib' dabei eiskalt,
Kürz' ich den Forschern das Gehalt.
Dann sage ich den Professoren,
Daß sie schon schrecklich dumm geboren.
Was immer sie bisher so taten,
Könnt besser gehn mit Bürokraten.
Dann geh' ich an die Umgestaltung,
Mit vielfach größerer Verwaltung.
Labors, die werden jetzt Büros,
Die Hörsäle, die werden Klos.
Denn Unterricht, den gibt's nicht mehr,
Der stört Studenten viel zu sehr.

Und Hochschulabsolventen
Sind sowieso nicht zu verwenden.
Sollt' später daran Mangel sein,
Kauf' ich sie halt in Indien ein."

Die Lotte kam zu uns aus Aachen,
Spricht schlechtes Deutsch, sonst keine Sprachen.
Das ist für uns ein großes Glück.
Drum wird sie gleich Minister,
Für deutsche Außenpolitik.
Auch wenn sie selten Bücher liest,
So weiß sie doch, was manches ist:
Singapur? Gesangverein;
Die Oder? Nebenfluß vom Rhein;
Jerusalem? Ein alter Mann;
Die NATO? Was wie Marzipan;
Islam? Eine junge Ziege;
Pentagon? 'Ne Damenriege.

Merkt euch, Kinder:
Jetzt habe ich euch vorgeführt,
Wie man bei uns Minister wird.
Weiter brauch' ich heute keinen.
Drum setzt euch wieder hin
und hört mir auf zu weinen.
Normale haben halt kein Glück
In der Bundespolitik.

IX. Ungereimtes

Es ist kein Witz. „Preßfreiheit und Zensur" forderten im Revolutionsjahr 1848 die Nassauer Bauern. Der Herzog gab sie ihnen. Vermutlich ohne große Bedenken. Auch jetzt haben wir in der Bundesrepublik noch beides. Wenn Sie es nicht glauben, dann beantworten Sie die Frage: Welche bekannte deutsche Zeitung oder Zeitschrift würde eine der folgenden zehn Mini-Satiren veröffentlichen?

Die Steuerleute suchen Rat

Es war wie üblich nach der Wahl. Die Gewinner hatten besser gelogen. Nun wollten sie neue Steuern. Also erhoben sie eine Einfaltsgebühr von allen, die für sie gewählt hatten.

„Verrat!" schrien da die rot-grün blinden Massen. Darauf zog man die Einfaltsgebühr zurück und die Regierung hatte eine Sondersitzung.

„Ich sehe schwarz!" jubelte die Kultusministerin. „Wir stecken einfach die Kirchensteuer für uns selber ein."

„Genial!" lobte der Kanzler. „Wer in die Kirche geht, wählt uns sowieso nicht."

„Stimmt", sprach der Finanzminister, „und deshalb kassieren wir auch rückwirkend."

Da schlossen die Kirchen ihre Tore, und das Volk weinte. Als sich schließlich die Leute nackt auf den Sportplätzen trauen ließen, merkte die Regierung etwas und lenkte ein. Die Kirchensteuer wurde nur noch in den Ländern konfisziert, in denen man nicht die Regierungskoalition gewählt hatte.

Bald entdeckte die Regierung ein neues Problem. Viele Leute gingen plötzlich zu Fuß zu ihrer Arbeit. Nach einer neuen Treibstoffsteuer hatte man noch eine Zusatzsteuer für die Benutzung öffentlicher Verkehrsmittel eingeführt. Nur die Reichen ließen sich in Rikschas transportieren.

Da schrie die rotgrüne Koalition: „Seht, wer die Rikschas zieht – lauter Asylanten. Das ist Diskriminierung! Spannt die Bischöfe und die Bankiers davor, sonst müssen wir gesetzlich eingreifen!"

Nun gingen auch manche Reiche zu Fuß. Die meisten zogen aber mit ihrem Geld ins Ausland.

Entsetzt rief da der Finanzminister: „Die Kassen werden nicht voller! Wir brauchen eine Sohlensteuer! Wer sich Schuhe oder Sandalen leisten kann, muß mehr zur sozialen Gerechtigkeit beitragen!"

Die Leute aber liefen draufhin barfuß. Und als der Winter kam, ließen sie sich krank schreiben und blieben zu Hause. Eines Tages begriff die Regierung, daß schon wieder etwas nicht stimmte. Das war, als im Reichstag die Toiletten einfroren und niemand kam, um sie zu reparieren.

Der Kanzler erfaßte schnell die Situation: „Wir müssen die Scheiße wegkriegen, ehe uns die Opposition daraus einen Strick dreht."

Die Verkehrsministerin wußte Rat: „Wir beschaffen umweltfreundliche Fahrzeuge für Putzdamen und Spengler. Wir führen Pferdedroschken wieder ein!"

Also kaufte man in Polen Pferde und Wagen und heuerte auch noch die Besitzer als Fahrer und Schaffner an.

Nun schrien die roten und grünen Jugendverbände: „Tierquälerei und Ausbeutung von Gastarbeitern!"

Jungwähler sind ernst zu nehmen; die Pferdedroschken verschwanden. Aber niemand wußte, wohin mit den Pferden. Schließlich schlug die Landwirtschaftsministerin vor: „Wir geben die Männchen an Zoos. Die Weibchen melken wir, und dann verkaufen wir die Milch. Die Mongolen tun das auch und werden sehr alt dabei!"

Ein Staatssekretär – er war auf dem Land aufgewachsen – fragte, ob die Ministerin etwa Hengste und Stuten meinte. Die wies ihn zurecht: „Du solltest schnellstens lernen, dich politisch korrekt auszudrücken!"

Die Einzelheiten der Abmusterung werden noch heute diskutiert, da keiner im Kabinett geahnt hatte, daß viele der Pferde Wallache waren.

Inzwischen wurde die finanzielle Lage der Republik noch ernster, und der Kanzler klagte: „So schwer wie es fällt, wir müssen einen Kapitalisten um Rat fragen. Ich habe bereits einen im Telefonbuch gefunden. Er heißt Red Fox und ist Mitglied der IAB. Das ist wohl die

Abkürzung für Internationale Aktienbörse. Der Mann hat offensichtlich Erfahrung an der Wallstreet. Der BND hat nichts Nachteiliges über ihn finden können. Der Mann scheint selten auszugehen."

Die telefonischen Verhandlungen mit Fox zogen sich in die länge. „Echte Führernatur", befand der Kanzler. „Läßt seine Gesprächspartner zappeln, bis sie weich sind."

Endlich wurde man sich einig. Außer einem beachtlichen Honorar hatte Fox Anspruch auf ein Brathendel pro Tag.

Dann kam der Moment, auf den sich das ganze Kabinett gefreut hatte. Fox ließ lange auf sich warten. Endlich raste er ins Sitzungszimmer, nur mit einem roten Pelzmantel bekleidet. Ihm folgten Wärter der IAB (Idiotenanstalt Berlin).

Nachdem sie Fox eingefangen hatten, schüttelte die Bildungsministerin den Kopf: „Ich glaube, der Kerl ist verrückt. Wie konnte er nur so herumlaufen? In einem grünen Pelz hätten sie ihn nie erwischt!"

Die Gesundheitsministerin meinte: „Selbst in Beige wäre er entkommen!"

„Obere Hälfte silber, untere rosa wäre noch besser gewesen", sprach der Kanzler und schloß die Sitzung.

Wir brauchen ein Kinderministerium

Schlug doch die Ministerin vor, Familienkunde in den Schulunterricht einzubauen. Das ist ein Schritt in die richtige Richtung, geht aber nicht weit genug. Man muß Kinder von klein auf zu politisch verantwortungsvollem Denken erziehen. Das erfordert mehr Arbeit als ein Familienministerium – das gibt es wirklich – bewältigen kann. Hierzu ist eine besondere Behörde notwendig.

Als ich darüber nachdachte, kam mir eine Vision: Ein neu geschaffenes Kinderministerium ist bei der Arbeit. Psychologen sind bereits an der Wurzel der Erziehung angelangt, also dort, wo kaum abgestillte Babies wichtige Entscheidungen treffen können. Wir sprechen von der Wahl der Windeln.

Weiße Windeln, gleich welchen Materials, sind natürlich eine Vergeudung pädagogischer Möglichkeiten. Also empfahl man farbige

Windeln. Wie zu erwarten, waren die für katholische Gegenden schwarz und im Norden Deutschlands meistens rot. In beschränktem Umfang gab es auch noch gelbe für die mäßig rechtsgerichtete Bevölkerung und grüne für unbelehrbare Eltern. Die Hoffnung aller Politiker, daß damit den Kindern schon früh das deutsche Parteienspektrum, und damit unser demokratisches System, vertraut würde, war nicht unberechtigt.

Nur zeigte sich, daß die Kleinen bevorzugt in Windeln defäzierten, deren Farben ihnen nicht paßten. Daran zerbrach sehr schnell die Einheit der Parteien, und jede ließ Windeln mit den Porträts von Oppositionspolitikern anfertigen.

Unverdrossen entwickelte das Kinderministerium eine neue Initiative. Über den Eingängen der Kindergärten wurde ein Spruch angebracht: „Alle Menschen sind Brüder!" Dem konnten nun wieder alle Parteien zustimmen.

Nur die kleinen Mädchen protestierten: „Das stimmt nicht! Wir sehen anders aus als die Buben!"

Der Einwand leuchtete ein, und schnell ließ man einen neuen Slogan anbringen: „Alle Tiere sind gut!"

Zur Bekräftigung und zum Abbau von Klischees verteilte man staatlich subventionierte Spielzeuge neuer Art: Plüschlöwen, die beim Berühren „Mäh!" rufen. Plüschesel, die beim Streicheln laut bellen. Und Plüschfüchse, die krähen, wenn man sie am Schwanz zieht.

Nachdem die Kinder mit deren Hilfe vorurteilsfrei geworden waren, ging eine Lehrerin mit der Klasse im tiefen Wald spazieren. Plötzlich sprang der große Wolf, mit zotteligem Fell, Augen wie glühende Kohlen und schrecklich langen Zähnen, aus dem Busch. Ehe man bis drei zählen konnte, hatte er die Lehrerin halb geschluckt. Die schaute verzweifelt aus seinem Maul heraus und rief: „Kinder, holt schnell den Jäger, der Wolf frißt mich!"

Die Kinder sprachen jedoch: „Alle Tiere sind gut. Der Wolf spielt nur mit dir!"

Da schluckte der Wolf noch einmal kurz und streckte sich genüßlich auf dem Boden aus. Die Kinder aber streichelten ihn und kraulten seinen Bauch. Dann gingen sie fröhlich singend in die Stadt zurück.

Von der Lehrerin kann ich nichts neues berichten. Solange der Wolf keinen Haufen legt, ist sie sicher noch unverdaut.

Eine Frau übertrifft mich

Dachte ich doch, meine Übertreibungen wären einmalig. Denkste! Man überbietet mich spielend. Die Bundesfamilienministerin – die gibt es wirklich – schlägt vor, ein Wahlrecht für Kinder einzuführen. Nein, nicht was Windeln betrifft. Es geht um Höheres: den nächsten Bundeskanzler. Laut SPIEGEL kommt die Idee von zwei Bundestagsabgeordneten der FDP, und es scheint, daß auch Roman Herzog und Bundestagsvizepräsidentin Antje Vollmer sich dafür einsetzen.

Wenn ich den Vorschlag richtig verstehe, sind danach Babys bereits wahlberechtigt, sobald sie in den Händen der Amme oder des Arztes ihr erstes Pipi abgeben. Das wäre logisch, aber der Teufel ist im Detail. Wie steht es mit Frühgeburten? Wäre es gerecht, wenn manche bereits sieben Monate nach Empfängnis staatsbürgerliche Privilegien haben, während andere bis zum neunten Monat im Dämmerlicht des Uterus warten müssen? Und dann, könnte der Kaiserschnitt nicht zu Wahlbetrug ausarten?

Die Ministerin erwägt, den Eltern für beschränkte Zeit ein *in loco infantis* Wahlrecht zu geben. Eine Stimme pro Kind. Aber was soll geschehen, wenn die Eltern verschiedene Parteien wählen wollen? Im Fall von Zwillingen oder Vierlingen bietet sich da eine einfache Lösung an. Bei Einzelkindern, Drillingen und anderen ungeraden Geburten wird es aber schwierig. Ja, und was machen wir, wenn Kinder einfach nicht mit den Eltern übereinstimmen? Das kann doch während der Pubertät vorkommen. Sollten Kinder während einer Übergangszeit wenigstens ein Vetorecht haben?

Weitere Probleme könnten durch das Geschlecht der Kinder entstehen. Was wird Alice Schwarzer fordern? Sollte es einem Vater erlaubt sein, für seine Tochter zu wählen?

Zugegeben, das sind alles kleine Probleme, die sich lösen lassen. Aber zuerst brauchen wir Sachverständige, die der Ministerin helfen, die notwendigen Gesetze zu entwickeln. Sicher wird sie dabei auf Kinder zurückgreifen, besonders beim Wahlrecht früher Altersstufen. Die Sitzungen werden dann jedes Mal unterbrochen, wenn sie eine Windel wechselt oder ein Töpfchen leert.

Die Macht der Presse

Jeden Tag wollte ich einen Zweizeiler schreiben. Über ein aktuelles Thema der deutschen Politik. Ist nicht schwer, und bald biste berühmt, sagte ich mir und ging ans Werk:

> *Die Bande, die in Bonn versagt,*
> *jetzt in Berlin froh weiter tagt.*

Ich zeigte es meinem Freund Hobbi. Der gähnte: „So, was ist neu? Das weiß doch jeder."
Unzerknirscht schrieb ich am nächsten Morgen:

> *Spricht's Kabinett von Wissenschaft,*
> *im Wissen eine Lücke klafft.*

Hobbi gähnte wieder: „Das ist genau so schwach. In der Politik sind Tatsachen unwesentlich, ermüdend. Du mußt provozieren."
Also ging ich ran:

> *Wer sich an Deutschlands Einheit freute,*
> *fühlt sich als Einfaltspinsel heute.*

Hobbi schüttelte den Kopf: „Was soll's? Für das Ding wirst du nicht einmal verhaftet."
Da war ich ehrlich sauer und beschloß: Jetzt wird's persönlich. Das macht im Nu bekannt. Und ich griff an:

> *Minister fliegt des Bundes Jet,*
> *Geliebte wartet schon im Bett.*

Ich brachte das Ding auf's INTERNET, aber die Reaktion war keine.

Erschüttert schlich ich zu Hobbi: „Was war diesmal falsch?"
„Zu spät. Außerdem hättest du Namen nennen und mindestens zwei Geliebte erfinden müssen."
Ich begriff. Jetzt wirste noch mehr persönlich, sagte ich mir, aber mit Niveau. Du nimmst einen Prominenten, der oft den Mund aufmacht und dabei ausrutscht. Ich wußte gleich, wen.

Auf der ersten Seite meiner Tageszeitung stand:

„Günter Grass zappelt wieder im Fettnapf"

Das kannste besser, dachte ich und schrieb:

Günter, bleib' bei deinen Leisten,
damit erreichst du noch am meisten!

Hobbi schüttelte wieder den Kopf:
„Der Grass verdient etwas Intelligenteres."
Das war eine Herausforderung, war aber kein Problem für mich:

Oh Mann, vom Land der fernen Weichsel,
ach, bleibe doch bei deiner Deichsel!

„Wieder nix", brummte Hobbi. „Du redest an den Leuten vorbei. Wer weiß schon, daß Grass aus Danzig ist. Bei „Weichsel" denken alle nur an Geld. Und „Deichsel", das kommt ihnen auch jiddisch vor. Guck, hier ist, was Leser wollen. Klar und einfach!"
Er schob die BILDZEITUNG vor meine Nase. Da stand es groß und fett:

„Grass, bleib auf deinem Rasen!"

Ich war am Boden zerstört. Wenn ein Mann in seiner Karriere so schrecklich scheitert, bleibt ihm nur noch ein einziger ehrenhafter Ausweg. Ich wankte zum Fenster und schaute hinab. Nicht sehr hoch, dachte ich. Doch dann erstarrte mein Blick. Überall kniete man in den Vorgärten. Die Leute zupften Gras aus den Beeten.

Statusheber gesucht

Mit einem Schlag war es mir klar: Die Brüder können noch keine Beerdigung für zwei arrangieren. Kein Wunder, daß jetzt in Berlin etwas fehlt. Etwas, ohne das keine respektierliche Regierung dieser Welt auskommt: Besondere Geschöpfe. Nein, keine Denker. Die stören nur. Was unsere Hauptstadt braucht, sind Statusheber; unbedarfte Lebewesen, die Würde ausstrahlen.

Beispiel: Ein Bundeszeremonienmeister, mit Zopfperücke und Livree, und so einem Stock, mit dem er auf den Boden stampft, oder dreimal an des Kanzlers Türe klopft. Wäre doch dufte, oder?

Tja, on second thought, das könnte vielleicht die Queen bei ihrem nächsten Staatsbesuch nerven. Sie liebt nämlich keine Affen, und deutsche Affen schon gar nicht. Ein verärgerter Prinz Philip könnte dann der Presse seine gefürchtete Meinung zukommen lassen. Danach wäre ein Staatsstreich nicht auszuschließen. Nee, nix Mann mit Keule.

Wie wäre es aber mit einem Bundesdichter? So was wie der Poet Laureate am Britischen Hof. Ein Mann, der einfach unerträgliche Reime schreibt für jedes Ereignis, von dem er nichts versteht. Etwa so:

Wenn gerechte Bomben fallen,
ihre Schläge lauter hallen.

Ist auch keine gute Idee. Erstens könnte das wiederum die Queen ärgern. Und dann: Der Mann würde schnell im Schatten meiner Werke dahinsiechen.

Eine andere Idee: Ein Bundesnarr. So ein Typ, der zu allem etwas besser weiß? Ausgeschlossen! Das wäre unfair gegenüber Günter Grass.

Vielleicht sollten wir überhaupt keine Menschen in Betracht ziehen. Wie wäre es mit einem Bundes-Maskottchen? Um allen Einwänden zuvorzukommen: Natürlich dürfte es kein Adler sein. Der würde sein Bild auf den Fahnen sehen und schnell am Größenwahn krepieren.

Tierschützer könnten dann eine extreme Partei gründen, so ganz tief grün.

Also, vielleicht ein Esel? Wieder nichts, liebe Freunde. Der würde bei Staatsempfängen zu wenig auffallen. Kurzum, besser die Hände von Tieren lassen.

Jetzt hab' ich es aber: Wir wählen eine Bundespflanze. Ich schlage vor, die Feige. Dieser Baum kommt aus der Ferne, vermehrt sich leicht und spricht auch kein Deutsch.

Man folgt meinem Rat

Fast jeder Beruf hat ein Buch mit Anregungen. Priester haben die Bibel. Juristen Gesetzbücher. Köche Kochbücher. Und so gibt es noch viele Beispiele. Außerdem gibt es Zeitschriften zur fachlichen Fortbildung. Ich denke da an DAS SÜSSE GEHEIMNIS für Imker. DAS GELEGTE EI für Hühnerzüchter. Den KNASTRFREUND für Gefängniswärter. STERN und BRIGITTE für Mediziner. Nur für Politiker fehlt einschlägige „Know-how"-Literatur.

Das ist verständlich. Politik ist nämlich kein Beruf. Es ist eine Berufung, und die kann man nicht lernen. Dafür muß man geboren sein. Und doch, glaube ich, ist da ein Riesenbedarf an leicht lesbaren Anregungen.

Sie haben es erraten: Das ist die Marktlücke, meine Goldgrube. Nun, liebe Freunde, werdet ihr vielleicht einwenden: „Politiker lesen doch gar nicht. Und außerdem: Wieviel Rat braucht man, um Stimmvieh für die nächste Wahl abzurichten?"

Ich glaube, ihr unterschätzt da doch die Lage. Nehmen wir ein Beispiel aus der Praxis:

Ein Minister kommt im Jet angebraust. Freundin wartet am Flughafen und gibt Küßchen für die Presse. Dann geht es mit der Limousine in Windeseile praktisch bis ins Bett.

Sie springt rein und stöhnt: „Emmanuel, du hast mir so gefehlt. Komm schon!"

Der Minister: „Nicht gleich. Sieh erst nach in POLITIK UNTER ALLEN UMSTÄNDEN. Was emphiehlt Hänschen Sachs für unsere Situation?"

„Ich will jetzt nicht Sachs. Ich will Sex."

„Hast du gesagt ‚sechsmal'? Das ist zuviel."

„Quatsch' nicht. Komm' unter die Decke. Den Rest besorge ich!"

„No way! Erst muß ich wissen, was Hänschen Sachs dazu schreibt."

„Also gut." Sie ergreift mein Buch und liest mit bebender Stimme: „Wenn sie sechs verlangt und er nach dem fünften Mal auf dem Kreuz liegt, sind Koalitionsgespräche herbeizuführen."

Er: „Siehst du, das ist vernünftiger Rat."

Sie: „Also gut, dann kann nichts schief gehen. Auf geht's, Superman!"

****

Er, Stunden später mit Siegerstimme: „Siebenmal hab' ich's dir aber gezeigt. Jetzt darfst du dich erholen."

Sie: „Du lügst. Du willst mich betrügen. Fünfmal hast du es gerade geschafft. Ich ertrage das nicht. Ich gehe zurück zu meiner Mutter!"

Er: „Wenn du das tust, ist es aus. Aus! Keine Wochenenden mehr auf den Perlearen. Keine Parties mehr beim Nabob von Kurila. Und die Luftwaffe fliegt von jetzt ab nur noch dienstlich."

Sie, kleinlaut: „Also, folgen wir Hänschen Sachs und machen einen Kompromiß. Sechsmal haste mich fertig gemacht. O.k.?"

Er: „Stimmt, und wie!"

Mein letzter Job diese Regierung

Eine Pranke legte sich auf meine Schulter. Ich drehte mich um und blickte in die besorgten Augen unseres Kanzlers.

„Hänschen", sagte er, „Hänschen, wir brauchen dein brillantes Gehirn."

Der Manhattan rutschte mir fast aus der Hand. Aber ich faßte mich: „Herr Kanzler, ich fürchte, ich kann Ihre hohen Erwartungen nicht erfüllen."

„Unsinn, Hänschen, du bist genau unser Mann. Wir brauchen ein besseres Image für unser Kabinett."

„Dem kann ich nur beipflichten."

Ich goß meinen Drink runter, und ehe ich mich versah, schob mir der Kanzler einen neuen in die linke Hand.

„Also, Hänschen, gib acht. Ich lasse sofort elektronisch ein Bild komponieren, das alles zeigt, was Wähler wollen: Harmonie in der Koalition. Eine fröhliche Frau. Tierliebe. Und Verständnis für unsere Landwirte. Was hältst du davon?"

„Fantastisch, Herr Kanzler."

„Dann Prösterchen. Runter mit dem Zeug!"

Ich folgte seinem Beispiel. Ehe ich mich versah, hatte ich schon wieder ein volles Glas in der Hand.

„Und was ist meine Rolle bei diesem Geniestreich, Herr Kanzler?"

„Du schreibst zu dem Bild einen deiner unübertroffenen Zweizeiler. Hier, laß' uns noch einen auf die Zusammenarbeit gurgeln."

Kaum konnte ich wieder Luft holen, vernahm ich meinen Auftrag: „Eine Limousine fährt dich jetzt zum Bundesbilderlabor. Dort suchst du ein Foto raus und schreibst dein Verslein dazu. Alles weitere erledigt unser Public-Relations-Team im Handumdrehen. Und jetzt noch einen Manhattan, der ölt das Gehirn."

„Auf ihr Spezielles, Herr Kanzler."

Stunden später drang die Stimme meiner Frau durch den Nebel: „Hänschen, wach auf, ich hab' die Zeitung!"

„Laß mich schlafen, die bringen doch nur Mist!"

„Hänschen, mach' die Augen auf! Dein Zweizeiler und das Bild sind auf der ersten Seite."

Wie elektrisiert fuhr ich hoch und griff nach der BUNDSCHAU. Stolz las ich meinen Reim:

Ministerin erkennt 'ne Kuh,
der Kanzler stimmt ihr freudig zu.

Dann blickte ich aufs Bild. Auf dem waren die Ministerin, der Kanzler und eine Ziege.

Ein Esel verhindert sein Staatsbegräbnis

Ich weiß, es sind meine Ohren. Sie können nicht glauben, daß ich es mit denen ins höchste Amt der Republik geschafft habe. Aber bitte, in der Politik ist es nicht wichtig, was man hat. In der Politik zählt, was die Leute glauben. Wohin man in Parlamenten und Parteien blickt, sind Schlitzohren. Die Leute denken aber, die Kerle sehen normal aus. Wenn man es richtig macht, glauben die Wähler einfach alles. So ist auch meine steile Karriere kein Wunder. Alle haben meine langen Eselsohren übersehen und nur meiner alternativen Stimme gelauscht.

À propos Stimme: Die Leute lieben nicht das Standardgeschrei der Politiker. Sie wollen etwas Verständliches. Ich habe deshalb immer nur „Iah" gerufen, in verschiedenen Tonlagen. Das Volk war begeistert.

Sie fragen nach dem Inhalt meiner Reden. Das zeigt, wie naiv Sie sind. In der Politik sagt man nur, was gut klingt. In kurzen, klaren Sätzen. Die Leute konnten meinem „Iah" folgen und daraus hören, was immer sie wollten. Ich denke, Goebbels hat es sich viel zu schwer gemacht. Die Zukunft in der Politik gehört uns kurzgefaßten Eseln.

Ihre nächste Frage ist auch rührend. Sie wollen wissen, ob ich einen Schulabschluß habe? Als der höchste Mann im Staat brauche ich nicht zu lesen. Ich habe Mitarbeiter, die das für mich tun. Wenn ich dann guter Laune bin, lasse ich sie zum Vortrag antreten. Also, abgeschlossene Bildung wäre Zeitvergeudung gewesen. Ich habe nicht einmal den Kindergarten-Abschluß. Man hat mich da hinausgeschmissen, wegen der Toilette.

Sie wollen Einzelheiten? Ihre Frage deutet auf Mangel an Fantasie. Nun gut. Ich ging auf den Hinterbeinen zum Sitz. Pinkeln war kein Problem, das andere auch nicht. Was sollte also schief gehen? Ich konnte nicht ziehen – meine Hufe sind nicht zum Greifen gemacht. Da beschwerten sich die anderen lieben Kleinen: „Einer macht falsche Häufchen!" Die Tante kam und studierte die Lage. Sie war ganz gelassen, denn sie hatte Pädagogik studiert. Sie wußte, daß man nicht zu schnellen Schlüssen kommen darf. Aber auch das Nachdenken half ihr nicht, denn sie war in einer großen Stadt aufgewachsen. Schließlich rief sie die Krankenschwester. Die schüttelte den Kopf und sagte: „Ein Fall von sehr einseitiger Diät. Vielleicht ansteckend. Morgen früh müssen alle Kinder ihre Häufchen in Plastiktüten mitbringen."

Na ja, als ich dann mein Tütchen überreichte, blickten sie mich an. Dann sagten sie: „Du mußt von jetzt an zu Hause bleiben, bis dein Stuhl normal ist." Deswegen habe ich nie eine Schule besucht.

****

Im Umgang mit der Presse bin ich vorsichtig. Solange es geht, lasse ich nichts von mir hören. Kommt dann aber so ein emotionsgeladener Fall, greife ich ein. Als Vaterfigur löse ich jedes Problem. Wie unlängst bei dem Frankfurter Hundekrawall. Sie erinnern sich nicht? Nun, es passierte halt viel in letzter Zeit.

Bei dem Stichwort Frankfurt denken sie natürlich an Bürgersteige mit geparkten Autos und Hundedreck dazwischen. Die Leute müssen ewig Slalom laufen. Sie haben sich ganz daran gewöhnt. Selbst im Ausland erkennt man Frankfurter an dieser Bewegungsweise.

Was war also der Hundekrawall? Ein Köter legte eine Mine. Wie zu erwarten, war ein Mann von BILD sofort zur Stelle. Er trat hinein, rutschte aus – und schrieb darüber auf der Titelseite. Was für ein Fehler! Wäre es umgekehrt gewesen, hätten alle Leute das Hündchen bedauert; die Leserzuschriften hätten Räume gefüllt. Aber so interessierte sich niemand für die Geschichte. Schlagartig fiel der Verkauf. In allerletzter Minute hatte dann die Redaktion eine Idee. Sie änderten den Namen. Jetzt heißt die Zeitung BILLD; das können ihre Leser besser aussprechen. Und schlagartig ging die Auflage wieder hoch.

Sie fragen, was ein Staatsoberhaupt mit Scheiße in der BILLD-Zeitung zu tun hat? Sehr viel, wie Sie sehen werden. Ich gratulierte der BILLD-Redaktion zu ihrem großartigen Einfall, der das Interesse vieler Bundesbürger an ihren Mitmenschen wiedererweckt hat. Natürlich gab es für mich herrliche Schlagzeilen in der Springer Presse. Besonders eindrucksvoll war ein Titelbild, auf dem der verunglückte Reporter auf Krücken von mir das „Bundesverdienstkreuz für Kurzsichtige" erhält.

Das ist nicht das Ende der Geschichte. Wie zu erwarten, ging die Presse auf die Suche nach mehr Hundedreck. Als dabei noch mehrere Reporter ausglitten, schürten ihre Kollegen eine Pogromstimmung. Wieder ein Grund für das Staatsoberhaupt, väterlich weise einzugreifen. Ich erließ daher folgende Verlautbarung:

Mit großer Sorge sehe ich, daß verantwortungslose Hundebesitzer eine Welle der Empörung ausgelöst haben. Unsere Nation, einschließlich aller Tierfreunde, verurteilt streng die unbeaufsichtigte Kotabgabe von jeglicher Kreatur, ohne Rücksicht auf Art, Rasse, Herkunft, Geschlecht und Religion des Koters. Mit Hilfe der selbstlosen Presse werden wir die Schuldigen finden und zur Rechenschaft ziehen. In der Zwischenzeit gehen unser Mitgefühl und unsere Dankbarkeit an die unermüdlichen Reporter, die bei ihrer schweren Aufgabe ausglitten und dabei mit der Nase in dem Dreck stecken blieben. Ihr Anblick war für alle Augenzeugen unvergeßlich. Ich proklamiere daher den zweiten April zum jährlichen TAG DES KOTFEINDES. Alle öffentlichen und privaten Toiletten bleiben an diesem Tag geschlossen.

Glauben Sie bitte nicht, daß meine Gedanken nur bei Scheiße sind. Ganz im Gegenteil, im wahrsten Sinne des Wortes. Ich komme jetzt zu meinen Diätproblemen. Sie wissen vielleicht, daß Esel keinen Fisch, kein Geflügel und auch kein Fleisch essen. Versetzen Sie sich also in meine Lage – ich meine, bei diesen endlosen Partys und Staatsbanketten mit Hors d'Oeuvres, Lachs und Filets. Sieht auf den ersten Blick verzweifelt aus, ist aber nicht. Ich bin nämlich der Schirmherr des Internationalen Dachverbandes der Vollvegetarier. Wenn Sie mich das nächste Mal sehen, achten sie auf das kleine Radieschen in meinem Knopfloch. Das wird von allen Mitgliedern der Organisation getragen. Kurzum, bei den offiziellen Fressereien lasse ich mir nur Salate servieren, und keiner denkt viel dabei. Oder doch. Beim letzten Staatsempfang für die Queen fragte die mich nach dem Geheimnis meiner herrlich grauen Haare. Sie wollte eigentlich nicht aufdringlich sein, aber wie Frauen so sind, sie bohrte und bohrte. Schließlich erklärte ich ihr, daß ich jeden Mittag Turf Cumberland mit Wurzeln esse. Das war zwar gelogen, aber sie ließ es sich nach ihrer Rückkehr servieren. Bald machte es ihr ganz England nach. Nun haben ihre Untertanen endlich ein genießbares Gericht. Allerdings war dann der Schaden beachtlich. Die Leute stahlen nachts jegliche Art von kurzem Rasen und ruinierten die Golfplätze.

Übrigens mochte die Queen auch meine Zähne. Sie meinte, einige Mitglieder ihrer Familie seien mir vom Gebiß her ähnlich. Ich gab mich geschmeichelt und versicherte ihr, daß das auf gemeinsame Vorfahren deuten könnte. „Aber natürlich", bestätigte Ihre Majestät, „mein Großvater sprach noch Deutsch." Ich zog meine Lippen ein bißchen mehr zurück und nickte. Sie sehen, wie geschickt ich auf diplomatischem Parkett bin.

Vielleicht glauben Sie, daß mein beschränktes Vokabular bei Pressekonferenzen Schwierigkeiten macht. Weit gefehlt, liebe Freunde! Bevor ich zum Mikrophon gehe, füttern meine Mitarbeiter die Reporter mit Informationen von allgemeinem Interesse. Über die fragt man mich dann in bestimmter Folge, und ich kann dabei meine persönlichen Wünsche einbauen. Das geht etwa so:

„Herr Präsident, stimmt es, daß sie den Krieg mit der Schweiz verhindert haben?"

„Iah!"

„Herr Präsident, sollte der Kanzler mehr auf Sie hören?"

„Iah!"

„Herr Präsident, werden Sie auf dem Kongreß für ‚Neue Keuschheit' sprechen?"

„Iah!"

„Herr Präsident, ist Ihr Dienstwagen lebensgefährlich?"

„Iah."

„Mister President, do you consider stopping the import of Pilsner beer?"

"Iah!"

„Herr Präsident, sind Sie unterbezahlt?"

„Iah!"

"Härr Prässidänt, libben Sie Chunde?"

„Iah!"

„Mr. President, is your office too small?"

"Iah!"

„Herr Präsident, im Namen meiner Kollegen danke ich Ihnen sehr für die informative Konferenz!"

Selbst ein Esel denkt gelegentlich an sein Ende. Ich möchte meines im sonnigen Süden finden. In der Nähe von Salami. Die Stadt ist bekannt durch eine Seeschlacht. Sie haben vielleicht auch gehört, daß von dort eine Eselswurst kommt. Freunde, das ist vorbei. Ich habe einen Staatsvertrag mit Italien abschließen lassen, der dort die Einfuhr deutscher Esel zu Eßzwecken verbietet. Statt dessen können die Italiener alte Pferde importieren, ohne daß Fragen gestellt werden. Jetzt gehen Gäule mit Namen wie Pianist, Genosse, Asylant, Schroederschreck, Sozi, Ossie oder Filou ahnungslos, nach kurzem Aufenthalt auf einer Knoblauchweide, zum zentralen Fleischwolf von Salami. Weitere Details möchte ich Ihnen ersparen. Lassen Sie mich nur erwähnen, daß es deutliche Unterschiede zwischen Würsten mit verschiedenen Stammbäumen gibt.

Ach so, ich wollte eigentlich von meinem Ende sprechen. Nein, ein Staatsbegräbnis will ich nicht. Außerdem wäre mir ein Sarg der üblichen Art zu eng. Ich habe aber einen Geheimplan, der sicher Ihre Zustimmung findet: Ich ziehe nach meiner Amtszeit nach Salami. Merke ich, daß mein letztes Glöckchen bald bimmelt, veranstalte ich dort eine Konferenz für deutsche Politiker. Thema: „Wie kommt man ohne Bestechung in das Paradies?" Des aktuellen Inhalts wegen erwarte ich großen Andrang.

Eines Nachmittags besuchen wir dann den Salami-Fleischwolf. Über dessen Eingang steht eine Variante von Dante's bekanntestem Sprüchlein: „Ihr, die ihr eintretet, werdet uns geläutert verlassen!" Natürlich in Italienisch, sonst könnte einem besonders Schlauen etwas auffallen. Jetzt ahnen Sie bereits das Ende der Geschichte. Wenn die Bude voll ist, drücke ich ein Knöpfchen, und der Fleischwolf hält sein Versprechen: Die Würstchen kommen als bessere Würstchen wieder heraus, mit etwas Eselgeschmack.

Ein Krebs auf dem Postamt

Sie dachten sicher auch, nach der Privatisierung der Bundespost würde alles besser. Hatten wir Illusionen! Der hier wiedergegebene Bericht eines Augenzeugen spricht für sich:

Wenn Sie meine ergreifende Geschichte lesen, halten Sie Ihre Gefühle bitte nicht zurück. Lachen Sie und heulen Sie, wie es Ihnen unvermeidlich kommen wird; und erbauen Sie sich an der Gerechtigkeit, mit der Sie am Ende belohnt werden. Fangen wir in der Mitte an – meine Zeit bei der Post blieb nicht ohne Einfluß auf meinen Verstand.

Jedesmal, wenn oben die Klappe aufging, kam ein bißchen Licht, und dann fiel mir etwas auf den Kopf. Meistens tat das nicht weh. Aber mit der Zeit wurde ich völlig zugedeckt. Ich hatte bis dahin nie mit Papier zu tun. Nun war ich in einem Behälter aus Metall und dem fallenden Papier wehrlos ausgeliefert. Langsam verlor ich die Gelassenheit, die meiner Spezies angeboren ist. Und jedes Mal, wenn ein neues Papier herabfiel, schnappte ich es mit meiner rechten Schere und schnitt es in zwei Stücke.

Nach ein paar Stunden war plötzlich ein kratzendes Geräusch. Dann fiel der Boden aus dem Metallkasten. Ich flog mit all dem Kram um mich herum in einen Sack, den man sofort wieder schloß. Ich konnte nichts sehen, und ich fühlte nur Papier. Weiches Papier, hartes Papier, dünnes Papier, dickes Papier, glattes Papier, rauhes Papier. Dabei roch es unangenehm, nach Staub und Leim.

Sie wollen natürlich wissen, wie ich in den Briefkasten kam. Das ging sehr schnell: Bei Ebbe saß ich in einem Tümpel und schlürfte einen köstlichen Wurm. Da ergriff mich jemand hinter dem Kopf, da, wo ich mich nicht wehren konnte. Er hob mich hoch, denn ich war damals nur zwei Hände lang und lachte, als ich ihn zwicken wollte. Es war ein Junge, vielleicht zehn Jahre alt. Kinder in dem Alter sind boshaft. Aber dieser Junge war besonders schlimm.

Ein kleines Mädchen, wohl die Schwester, rief: „Jens, was machst du mit dem Hummer? Der ist zu klein zum Essen!"

Jens hielt mich hoch: „Special mission!"

„Gib nicht so an mit deinem bißchen Englisch. Sag' schon, was hast du mit ihm vor?"

„Komm mit, ich zeige es dir!"

Die beiden gingen zu einem Briefkasten, und Jens zwängte mich durch den Schlitz. Darauf lachten sie und liefen weg.

Sie sehen, ich bin ein Opfer ungewöhnlicher Umstände. Viele Menschen leben davon, Papier zu beschreiben und es an einen anderen zu schicken. Der wirft dann einen Blick darauf und beschreibt ein neues Blatt Papier, schickt es weiter; und die Geschichte wiederholt sich viele Male. Uns Krebsen ist das unverständlich. Wir leben ein Leben mit Inhalt. Wir kneifen Menschen, wenn wir sie erwischen können. Wir kämpfen miteinander, sowie uns ein Artgenosse nicht paßt. Wir fressen andere Krebse, wenn sie frisch gehäutet und butterweich sind. Wir fressen auch sonst alles, was sich nicht wehren kann. Und wir verwenden kein Papier, ganz gleich wofür. Und ausgerechnet ich wurde in früher Jugend in die Papierwelt der Menschen verschleppt. Oder ist es die Welt der Papiermenschen? Ich kann das nicht entscheiden. Meine Zeit auf dem Postamt ist wohl Schuld daran.

Die begann, als ich auf den Rücken fiel. Das tat nicht weh, denn ich hatte ja in dem Sack zwischen Briefen und Postkarten gesteckt. Der Mensch, der ihn auf den Tisch leerte, wußte nicht, daß ich da drin war.

Ich richtete mich auf und wartete. Lange Zeit passierte nichts, dann kam der Nachtwächter. Kaum war der eingeschlafen, kamen die Ratten. Keine gewöhnlichen Ratten, sondern Postratten. Sie haben noch nie von denen gehört? Das glaube ich gerne. Sie haben ja auch nie in einem Postamt übernachtet. Gewöhnliche Ratten fressen alles, selbst Breugenwurst, tote Vögel und Schaben. Ekelhaft, meinen Sie nicht auch? Postratten – sie sehen genau so aus wie alle anderen – erkennt man ihrer Lieblingsspeise, dem Inhalt von Paketen.

Jedenfalls war ich plötzlich von Postratten umzingelt. Ich hob meine Scheren, aber die grauen Ungeheuer waren nicht beeindruckt. Sie rattelten nur mit ihren langen Nagezähnen. Immer näher rückten sie, von allen Seiten. „Zwacks"– ich kann es nicht besser beschreiben – und eine von ihnen schoß mit Schmerzensschrei die Wand hinauf. Ich hatte ihren nackten Schwanz abgeknipst. Die übrigen waren für einen Moment verwirrt, dann rannten sie auch.

Stunden später kamen sie zurück. „Wir wollen mit dir Frieden machen!" Ich reagierte nicht. „Hör' doch bitte zu: Wir wollen mit dir Frieden machen!"

Ich traute ihnen nicht: „Kommt keinen Schritt näher; dreht euch um und zeigt mir die Schwänze!"

Sie taten es wirklich, aber einige zitterten dabei. Ich hätte gegrinst, könnte ich das Gesicht verziehen.

„Was wollt ihr also?"

„Zusammenarbeit. Du schneidest die Kordel und den Draht um die Pakete auf, wir zernagen den Karton, und dann teilen wir den Inhalt."

„Das hört sich vernünftig an. Aber wenn ihr mich behumpsen wollt, knipse ich eure Vorderpfoten ab."

Jetzt zitterten alle. Schließlich sprach eine: „Wir lassen dir auch die erste Wahl bei jedem Paket."

„Das klingt vernünftig, Kameraden. Auf geht's, an die Arbeit!"

Von dem Moment an lebte ich im Schlaraffenland. Gegen Morgen – meine Mitarbeiter hatten sich gerade verdrückt – kamen die Menschen. Es war auch eine besondere Art: Postmenschen. Manche trugen eine Uniform, andere einen grauen Kittel; einer trug einen Anzug mit Schlips. Die uniformierten sagten nur „Morgen", die Kittelträger sagten „Guten Morgen", der Beschlipste rief laut: „Schöner Morgen, nicht wahr?"

„Jawohl, Herr Oberamtsvorsteher!" antworteten alle im Chor.

Ich beobachtete das ganze von meinem Versteck aus. Sie wissen vielleicht nicht, daß die Augen der Krebse auf einer Art Stiel sitzen, den man wie ein Periskop ein- oder ausfahren kann. Mein rechtes Auge war also ausgefahren und blickte zwischen Briefen und Postkarten heraus. Eine Frau in mittleren Jahren begann, nicht weit von mir, die Post zu sortieren. Ich befand mich in ihrem Haufen.

Plötzlich rief sie: „Seht euch das an. Ein Irrer zerschneidet Briefe!"

Alle kamen angelaufen. „Tatsächlich! Unglaublich! Na so was! Das gibt's doch nicht! Unfaßbar! Meine Güte! Menschenskind!" Jeder hatte etwas zu sagen, und alle wiederholten sich.

Der Oberamtsvorsteher eilte herbei: „Was geht hier vor?"

Die Frau hielt ihm wortlos die Hälfte eines Briefes vor die Nase, dann deutete sie auf den Haufen vor ihr.

„Das ist ja kriminell", entfuhr es dem Oberamtsvorsteher, „ich muß meine Vorgesetzten informieren!"

Ein dürrer Kerl in grauem Kittel meldete sich: „Ich möchte feststellen, daß in meinem Haufen kein Schaden ist!"

„Beruhigen Sie sich, Herr Bräunlich, noch ist niemand beschuldigt!"

„In meinem auch nicht! In meinem auch nicht!" Alle wiederholten es. Nur die Frau stand da, sprachlos. Dann begann sie zu weinen. Der Oberamtsvorsteher ignorierte sie und verließ den Raum. Ihre Kollegen ignorierten sie auch. Langsam kam sie mir beim Sortieren näher. Ich schlich rückwärts unter die Tischplatte und hängte mich da fest. Krebse können das. Natürlich war sie als erste fertig. Sie brauchte ihre Post meist nur in den Korb zu werfen, auf dem „Beschädigt" stand. Sie setzte sich hin und schwieg. Die anderen sortierten aber weiter und weiter.

Einer stöhnte: „Wir arbeiten zu viel. Hätte einer unsere Post auch zerschnitten, könnten wir jetzt ausruhen, genau wie Anna!"

„Du hast recht. Ich glaube, Anna hat einen Kerl angestiftet."

„Jawohl. Frauen bringen das fertig!"

„Stimmt, die können das leicht."

„Ist doch ein klarer Fall. Anna schläft mit dem Zerschneider!"

Die Frau sagte nichts und schluchzte nur. Ich hielt es nicht mehr aus und kletterte auf den Tisch. So laut ein Krebs das kann, knarrte ich: „Ihr schmutzigen Verleumder. Hier ist der Täter!"

Eine Schreckstarre befiel den Raum. Dann schrieen sie durcheinander, und schließlich kamen sie drohend auf mich zu.

„Überlegt es euch gut", sagte ich gelassen, „wollt ihr meine Scheren an euren Fingern, Nasen und Ohren, oder wollt ihr, daß ich euch helfe?"

Sie hielten inne, blickten einander an und flüsterten. Schließlich trat einer hervor und sprach: „Wir wollen deine Freunde sein. Wenn du hier bleibst und täglich die Hälfte der Post zerschneidest, bringen wir dir sechsmal in der Woche ein Mittagessen aus der Kantine."

„Ich bin nicht lebensmüde. Schluckt den Fraß nur selber. Eines Tages seht ihr dann aus wie der Oberamtsvorsteher. Ich werde die Post zerschnipseln und aufessen. Die besteht hauptsächlich aus sauberer Zellulose. An die kann ich mich gewöhnen."

Begeistert klatschten sie.

„Nicht so schnell", sagte ich. „Erst müßt ihr euch bei Anna entschuldigen."

„Mit 20 Rosen?"

„Fünfzig, langstielig und rot, mit zartem Duft."

„Gut, wenn du darauf bestehst."

Ich wandte mich zu Anna: „Wäre das akzeptabel?"

„Ist ja schon gut. Männer denken halt immer nur an Beischlaf." Sie lächelte und wischte die letzen Tränen.

„Also, dann auf gute Zusammenarbeit, Freunde!" Alle schüttelten meine Scheren.

Es war der Anfang einer glücklichen Zeit, die der Außenstehende bei der Post für unmöglich hält. Der Oberamtsvorsteher freute sich über die gute Moral seiner Leute, und der Fall des Zerschneiders wurde nie aufgeklärt.

Ich gedieh prächtig. Nachts genoß ich den Inhalt der Pakete, und tagsüber schlürfte ich die nahrhafte Zellulose. So hätte es ewig weitergehen können, wäre ich nicht so stark gewachsen. Aber meinen Mitarbeitern fiel schließlich etwas ein: Sie überzeugten den Oberamtsvorsteher, daß ein Maskottchen das Prestige seiner Zweigstelle nur erhöhen könnte. Und es ist nicht schwer zu raten, wer das dann war.

Eines Tages wurde ich zu einer Besprechung gebeten. Es ging um die Verteilung der Sitze beim Betriebsrat. Nur nach langem Zögern übernahm ich die Vertretung der Minderheiten und Senioren. Ältere Postler sehen alle gleich aus – und der Spiegel ließ keinen Zweifel, daß mir dasselbe Schicksal drohte.

Natürlich mußten meine Personalien aufgenommen werden. „Was du schreibst, ist Wurst. Hauptsache, es ist, was die weiter oben sehen wollen", sagten meine Freunde.

Also gab ich folgendes an:

Name: *Homarus Posthumus*
Größe: *200 cm (ohne Arme)*
Haarfarbe: *postgelb (bei Hitze rot)*
Farbe der Augen: *postgelb (bei Hitze grau)*
Körperbau: *postierlich*
Geburtsdatum: *post coitum*
Geburtsort: *Poostende an der Postsee*
Beruf des Vaters: *Postor*
Frühere Staatsangehörigkeit: *postdeutsch*
Religion: *postgläubig.*
Welchen Organisationen gehören Sie an: *Postschwimmverein*
Welche Instrumente spielen Sie: *Posthorn und Postaune*
Leibgericht: *Opostum mit Kartoffeln*
Rolle bei Kinderspielen: *Briefträger*

Es kamen nie Nachfragen. Ich hatte wohl die richtigen Tasten gedrückt. Jedenfalls hatte ich nun eine sichere Stelle. Trotzdem gab ich sie auf, bei der Post etwas Unerhörtes. Und das geschah auch noch bei der jährlichen Feier am „Tag der Post". Dieses Mal begingen wir ihn am Immendorfer Strand, einem Refugium der Leute mit besserem Geschmack. Gleich am Ortseingang erinnert eine Bronzetafel daran, daß sich Thomas Mann hier einen Sonnenbrand holte.

Wir stiegen in der nahegelegenen Bahnstation aus. Jeder hatte sich die vier mal acht Zentimeter große Imitation einer Briefmarke auf die Stirne geklebt. Sie zeigte eine Postkutsche. Am Festplatz wurde die dann abgestempelt. Das erregte gleich viel Heiterkeit.

Ich war besonders geschmeichelt, obwohl ich mich nicht mehr als Krebs sah. Man hatte nämlich eine Überraschung für uns. Auf einem gelben Spruchband stand: Wilkommen zum Hummerfest, liebe Postler. Sie hätten es ja auch ein Dackel- oder Friesenfest nennen können, sagte ich mir.

Als ich so mit meinen Kollegen dahinschritt, hörte ich ein seltsames Fiepen. Es klang, als ob ein kleines Kind jammerte. Ich blickte mich um und konnte es nicht glauben: sie trugen zwei kleine Hummern mit sich. Ihre Scheren waren mit Draht zugebunden, sodaß sie nicht zwicken konnten. Und dann verstand ich die Stimmen: „Brüderchen, hilf. Sie wollen uns sieden!"

Eine ohnmächtige Wut packte mich, aber ich ließ es mir nicht anmerken. Bald kamen wir zu einem großen offenen Kessel. Ein Holzfeuer brachte das Wasser darin gerade zum Kochen. Ich schaffte mich in die erste Reihe der Leute, die sich darum drängten. Neben mir stand Briefträger Südçirk. Er trug einen der beiden Hummer.

Er schnupperte an dem Tierchen und sagte: „Riecht fast so gut wie Hammel. Braucht aber viel Knoblauch!" Auf meiner anderen Seite stand Kollege Holstenbein mit dem zweiten Hummer. Er stimmte zu: „Jawohl. Knoblauch, Pfeffer und Salz."

Die wehrlosen Hummer fiepten weiter erbärmlich, aber das Volk scherte sich nicht darum. Sie klatschten Beifall, als der Oberamtsvorsteher vortrat. Eine Stimme rief: „Ein Hoch unserem geliebten Oberamtsvorsteher Meier!"

Jeder wußte, es war Bräunlich, der Arschkriecher, aber alle stimmten ein und grölten: „Hoch!"

Meier wollte etwas sagen, konnte aber nicht. Wegen seiner bescheidenen Körpergröße sahen sie nicht, daß er gerührt mit beiden Händen abwinkte. Ich faßte ihn hilfreich mit einer Schere und hielt ihn hoch über ihre Köpfe. Da wurde es endlich ruhiger, und er begann: „Liebe Freunde, herzlich willkommen! Unser hochverehrter Oberpostdirektor, ein weltbekannter Feinschmecker, hat eine Überraschung für euch bestellt!"

Er blickte auf die beiden Hummer ... und da ließ ich ihn fallen. In das kochende Wasser. Im Nu war er krebsrot, dann sah ich ihn nicht mehr.

Für einen Moment schwieg die Menge, alle Münder standen weit offen. Dann begann ein Murmeln, das immer lauter wurde. Schließlich war es ein Getöse. Ich konnte es nicht glauben. Sie klatschten mir Beifall. „Schmeißt den Bräunlich noch dazu", schrieen einige. Gott sei Dank rannte der schon.

Ich nahm meine kleinen Brüder und schnitt den Draht um ihre Scheren auf. Dann schritten wir drei unter dem Jubel der Masse langsam zum Meer. Es war gerade hohe Flut.

Nun sind wir auf dem Weg zur Doggerbank. Dort gibt es zarte Seezungen. Die schmecken sogar ohne Zitronensaft.

Hitler auf deutsche Art

Unlängst gab es eine amerikanische TV-Serie, die Hitlers Entwicklung zeigte. À la Hollywood, versteht sich. War das ein dummer Quatsch, und was für eine Vergeudung von Möglichkeiten für Bildung und gute Reklame! Keine Frage: Wir Deutsche können das viel besser. Schließlich war Hitler fast einer von uns. Wir kreieren ein MUSICAL, das der ganzen Welt zeigt, wie es zum wahren Adolf kam, und wie dem Schurken schließlich Gerechtigkeit zuteil wurde. Boy, werden die Massen zur Theaterkasse rennen!

Meine Gedanken sind noch nicht ganz geordnet, aber hier sind die ersten Fragmente zu ADOLF VON BRAUNAU, die ich glaube nicht länger dem verehrten *Publico* vorenthalten zu dürfen. Schließlich haben die Leute lieber ein paar Schnitzel auf dem Tisch als eine ganze Sau.

ADOLF VON BRAUNAU

Erster Akt
Szene in einem Kinderzimmer.

Großes Bild mit Kaiser Franz Joseph an der Wand. Ein Kalender daneben zeigt den 30. Februar 1892. Im Hintergrund Johann Strauss-artige Walzermusik.

Eine Frau im Gewand des 19. Jahrhunderts (mit Cul de Paris) füllt braune Flüssigkeit in eine Milchflasche.

Eine Bäuerin verabschiedet sich von ihr: *„Die ist für den Addi – von der braunen Liesel. Ein Glück, daß wir die nicht geschlachtet haben!"*
Die Bäuerin verschwindet. Die Musik verstummt.

Ein Herr mit Zylinder, Sonnenbrille und Pelzmantel betritt das Zimmer.

„Schrecklich heiß heute! Ich bin Professor Freid. Sie sind wohl Frau Hytler? Sie haben mich rufen lassen."

„Gott sei Dank, daß Sie gekommen sind, Herr Professor! Unser Addi ist drei Jahre alt und bemalt immer noch die Wände mit seinem ..." Sie stockt.

„Beruhigen Sie sich, liebe Frau! Kinder machen das gelegentlich – ist halt ein Entwicklungsproblem. Die alten Assyrer haben das schon erkannt."

„Aber unser Addie macht das ununterbrochen."

„Ah, interessant. Er ist wohl hyperaktiv. Eine Exkremental-Analyse sollte das bestätigen. Wo steckt denn der Kleine?"

„Unter der braunen Decke."

„Ah, interessant! Wir kommen dem Problem näher. Kaufen Sie ihm eine grüne Decke, und alles wird sich regeln."

„Wir haben schon alle Farben probiert, aber er schreit ununterbrochen, wenn er keine braune Decke hat."

„Ah, interessant! Wo sind eigentlich die Meisterwerke unseres Lieblings?"

„Hier an der Wand, direkt vor Ihnen."

„Ich sehe nichts."

„Die Wand ist halt auch braun."

„Ah, interessant! Das ist mir gar nicht aufgefallen."

„Ja, man muß halt genau hinsehen."

„Guter Gedanke, Frau Hytler. Aber sagen Sie: Wann hat das Ganze angefangen?"

„Wir waren im Hotel ‚Zum Braunen Bären' in Braunau. Mein Mann hatte eine Flasche dunkles Bier getrunken."

„Ah, interessant! Und dann passierte es?"

„Herr Professor, ich flehe Sie an. Helfen Sie uns!"

„Das würde ich gerne tun. Leider ist aber die pränatale Braun-Fixierung ihres Sohnes irreversibel."

Das Licht geht aus, und über der Bühne erscheint eine Schrift auf rot-weiß-rotem Hintergrund:

„WEHRET DEN ANFÄNGEN – TRINKT NUR HELLES BIER!"

Szene aus dem dritten Akt

Blonde Mädchen erscheinen von rechts und links auf der Bühne und formen eine *chorus line*. Sie tragen die grauen Mäntel der Flakhelferinnen und singen ein patriotisches Lied. Es endet:

„Wie wunderschön ist doch der Krieg,
wir freuen uns schon auf den Sieg."

Plötzlich lassen sie die Mäntel fallen. Nun stehen sie in Höschen, Nahtstrümpfen und Strapsen auf der Bühne. Alle deuten auf eine Person in der ersten Reihe der Zuschauer und singen weiter

„... und dich!"
Die Person erhebt sich. Es ist Hitler.
Er hebt den rechten Arm, und alle schreien: *„Heil, heil!"*
Das Licht geht langsam aus, und über der Bühne strahlt auf schwarz-weiß-rotem Hintergrund:

„DEUTSCHE TRINKEN TEUTO COLA FÜR DEN SIEG!"

Das Licht geht wieder an, und das Pausenzeichen erklingt.

Letzte Szene, letzter Akt, im Bunker

HITLER und EVA sitzen auf einem Sofa. Über ihnen hängt ein großes Hakenkreuz an der Wand. Man hört ununterbrochen Einschläge von Granaten. Im Hintergrund wagnereske Musik.

EVA, erregt: *„Addi, die Russen sind auf dem Dach!"*

HITLER: *„Dummchen, das weißt du doch gar nicht!"*

EVA: *„Addi, ich höre aber fremde Stimmen!"*

HITLER (hält die Hand an das Ohr): *„Was sagen sie?"*

EVA: *„Druschba!"*

HITLER: *„Freundschaft wollen die? Dann wird es doch ernst!"*

EVA: *„Was sollen wir tun?"*

HITLER: *„Ich habe zwei Pralinen machen lassen. Eine für dich, eine für mich."*

EVA: *„Das ist aber lieb von dir!"*

HITLER (greift in seine Tasche, legt eine auf einen kleinen Tisch und reicht die andere EVA): *„Das ist deine. Beiß schön rein!"*

EVA: *„Ist sie gut?"*

HITLER: *„Deutsche Wertarbeit!"*

EVA steckt die Praline in den Mund.

Die Musik endet abrupt. Kurzes Schweigen, dann kracht es, und das Licht auf der Bühne geht aus.

Das Licht geht wieder an. EVA sitzt weiterhin neben HITLER, aber ohne Kopf.

HITLER blickt sie an und lacht sinister: *„Von jetzt an kein Geld mehr für den Friseur!"*

Man hört ganz nahe einen schweren Einschlag. Das Hakenkreuz über HITLER fällt von der Wand und trifft seinen Kopf.

Das Licht geht aus, und eine grelle Schrift erscheint über der Bühne auf rotem Hintergrund:

„DARAUF WODKA STALIN!"

Das Licht geht wieder an. HITLER sitzt neben der kopflosen EVA. Anstelle des Kopfes steckt das Hakenkreuz auf Hitlers Hals. Vor den zwei Leichen sitzt Hitlers brauner LIEBLINGSPUDEL.

Hitlers Vertraute, die Fliegerin ANNA RUSCH, erscheint in braunem Abendkleid: *„Ach du meine Güte. Auf den Schreck muß ich was trinken!"*

Sie ergreift die übriggelassene Praline und gibt sie dem Hund: *„Friß, die ist von Herrchen!"*

Es kracht, und das Licht geht aus.

Das Licht geht wieder an. Der Hund sitzt ohne Kopf vor dem Sofa mit den beiden Leichen.

ANNA steht neben ihm, hebt ein Glas mit brauner Flüssigkeit und prostet dem Publikum zu.

An der Stelle, wo vorher das Hakenkreuz hing, erscheint auf schwarz-rot-gelbem Hintergrund:

„DEMO COLA – NUR FÜR LEUTE MIT KÖPFCHEN!"

Nach einer Minute des Schweigens informiert eine neue Schrift:

„ENDE DER VORFÜHRUNG!"

X. Vorschläge für Nachrufe

Seien wir ehrlich! Die meisten Nachrufe sind nichtssagend oder zu schmeichelhaft. Dem Toten helfen oder schaden sie nichts mehr. Nachrufe könnten aber sinnvoll sein, wenn sie dem Betroffenen noch zu Lebzeiten bekannt werden. Im folgenden finden Sie eine Auswahl, die – zur Erholung von der Politik – hauptsächlich für Durchschnittsmenschen gedacht ist. Lesen Sie einen passenden davon einem bösen alten Menschen vor. Weisen Sie darauf hin, daß er auf ihn paßt und in kaum veränderter Form nach seinem Tod erscheinen wird. Vielleicht ändert er dann sein Testament zu Ihren Gunsten.

Bürokrat

Nach einem ereignislosen Leben verschied unser Vizeinspektor Melchior Überflüssig, Träger des Verdienstkreuzes für Mangelnde Bedeutung. Er starb in der Blüte seiner Jahre in tiefem Schlaf an seinem Schreibtisch. Wir werden ihn bald durch ein anderes Parteimitglied ersetzen.

Die Stadtverwaltung

Gastwirt

Heute wurde der Gastronom Charlie Cheng beigesetzt. Er starb bei dem Genuß seiner hausgemachten Lieblingsspeise, genannt Wau-Wau. In seinem „Jade Tiger" servierte er rätselhafte, süß-saure Gerichte. Hunde und Katzen machten einen großen Bogen um das Restaurant. Jetzt sind sie weniger mißtrauisch. Trotzdem bittet der Tierschutzverein um Spenden für eine besonders schwere Grabplatte.

Jurist

Heute verstarb Dr. jur. Justus Einfälter. Sein Sinn für Gerechtigkeit war legendär. Als Richter verfügte er, daß alle Pflanzen mit der gleichen Menge Wasser zu gießen sind und alle Tiere Anspruch auf das gleiche Futter haben. Nun sind weite Landstriche mit einer Vegetation von 130 cm Höhe bedeckt. Mücken und Elefanten nähern sich einer

Durchschnittsgröße von 150 cm. Eine Expertenkommission versucht derzeit, die korrekte Höhe seines Grabsteins zu ermitteln.

Kanzler

Der Tod des früheren Bundeskanzlers läßt uns keine Wahl. Wir müssen kurz auf ihn eingehen. Sein Leben war eine einzige Münchhausiade. Sein Blick war so treuselig, daß ihm die Hunde ihre Knochen brachten. Die Chamäleons machten ihn zum Ehrenvorsitzenden ihrer Spezies. Im Altenheim hielt man ihn für den Erzbischof. Seine Parteigenossen konnten nicht fassen, daß er plötzlich ihr Kanzlerkandidat war. Seine Wahlversprechen waren unübertroffen. Falls er in den Himmel kommt, kann man nur hoffen, daß der Liebe Gott nicht zu seinen Gunsten abdankt.

Ministerin

Es ist unsere traurige Pflicht, das Ableben der Ministerin für Frauenrollen anzukündigen. Cassandra Sinnlos-Unfug starb als Opfer ihres Berufs. Bei der Übergabe einer elektrischen Kaffeemühle im Urwald von Neu Minea wurde sie versehentlich ergriffen und als Geschenk des Himmels verspeist. Ihr letzter Gedanke war: „Dürfen die Frauen mitessen?"

Im Namen der Regierung ...

Ordinarius

Es ist unsere Pflicht und Erleichterung, das Ableben von Dr. Armin Sauturm, Emeritus Professor, anzuzeigen. Er starb im Ordinarienwahn. Als Vorstand eines Instituts war er ein ungezügelter Tyrann, der die Ideen seiner Mitarbeiter stahl. Nur Arschkriecher konnten mit ihm auskommen. Die Trägheit der Kollegen erlaubte ihm, hemmungslos seiner Machtgier zu frönen. Als Herausgeber einer wissenschaftlichen Zeitschrift bremste er unermüdlich den Fortschritt. Sein Tod dürfte weltweit Freude auslösen. Wir wollen ihn schnell vergessen.

Der Dekan der Fakultät ...

Parteigenosse

Heute starb der letzte Mitbürger, der sich noch an die Nazi-Zeit erinnerte. Volker Nordisch trat in die NSDAP ein, als nach Hitlers Machtübernahme die nächtlichen Messerstechereien in der Stadt aufhörten. Er war halt stolz auf den Erfolg des Führers. Und er genoß es, als Lloyd George, der britische Premier und Deutschenhasser während des ersten Weltkriegs, nach einem Besuch beim Führer diesen in höchsten Tönen lobte. Volker las auch mit Freude über den herzlichen Ton beim Besuch des Herzogs von Windsor und seiner charmanten Gattin in des Führers Berghaus. Er wußte, daß Deutschland auf dem richtigen Weg war, als die französische Olympiamannschaft dem Führer mit erhobenem rechten Arm salutierte. Warum man ihn nach dem Krieg als „Mitläufer" zu einer Geldstrafe verurteilte und danach ihm lange keine Stelle gab, hat Volker nie begriffen.

Spekulant

Unser hochverdienter Herr Dr. iur. h.c., Dr. phil. h.c. und Dr. rer. nat. h.c. Armin von Schmieren starb gestern an Überarbeitung bei der Geldwäsche. Durch seinen strategischen Erwerb von Grundbesitz blockierte er die Entwicklung der Innenstadt, bis man ihm die Immobilien zum Erpresserpreis wieder abkaufte. Er war für seine selektive Spendenfreude weithin bekannt. Die Politiker fraßen ihm aus der Hand, und die Universität küßte seinen Arsch. Nun erwägt die Stadtverwaltung, die Kaiser Allee in Schmierenstraße umzubenennen.

Zahnarzt

Unter allgemeinem Schweigen wurde gestern in Bern der Zahnarzt Dr. Urs von Beisli beigesetzt. Keiner wagte, den Mund aufzumachen. Aber jetzt hört man nach Mitternacht auf dem Friedhof die Schreie seiner einstigen Patienten. Deren Leiden beschrieb er in Kurzgeschichten. Viele lachten darüber, ehe er den schweren Bohrer in die Hand nahm. Besonders lustig sind „Goldzahn" und „Silberplomb". Bemerkenswert ist auch das Märchen von „Fängi", dem schwyzer Werwolf, der Kinder fraß, wenn sie nicht „Aah" sagen wollten. Wegen unlesbarer Rechnungen ließ die Krankenkasse Beislis künstliches Gebiß beschlagnahmen. Seine zahnlosen Erben erheben aber keinen Anspruch darauf.

Zyniker

Hänschen Sachs, Autor eines wegen Offenheit verbotenen Buches, erhängte sich im Gefängnis am eigenen Bart. Es war ein Akt der Verzweiflung. Er hatte monatelang um Toilettenpapier gebeten, stieß jedoch bei seinen Wärtern auf sprachlich begründetes Unverständnis. Das Justizministerium überprüft jetzt den Verdacht, daß Sachs das Personal durch übertriebene Gesten verwirrt hat. Zur Vermeidung posthumer Scherze des Verstorbenen hat man ihn, auf dem Bauch liegend, beigesetzt.

XII. Hinweise für Schenker und Beschenkte

Die Einmaligkeit und der günstige Preis dieses Büchleins lassen ein Interesse erwarten, welches selbst das seinerzeitige an „Mein Kampf" übertreffen wird. Allerdings ist da ein Unterschied: Adolfs Krampf wurde gekauft, aber nicht gelesen. Unser „Bundeshorn" läuft dagegen Gefahr, mehr zitiert als gekauft zu werden, obwohl alle es gerne hätten. Die heutigen Menschen haben halt kein Herz für hungernde Autoren und sparen am falschen Platz.

Viele möchten das Büchlein auch als intelligentes Geschenk anstelle von Blumen, Pralinen, Parfüm oder Alkohol überreichen, haben aber Hemmungen. Die Schuld liegt fraglos bei den Eltern, den Lehrern und den Seelenhirten, die uns von Kindheit an bremsten, wenn der Spaß gerade anfing. Es ist an der Zeit, daß wir späte Reiflinge uns emanzipieren. Die folgenden Situationen sollten allen Erziehungsgeschädigten Hinweise für den unverklemmten Umgang mit dem Büchlein geben.

„Eminenz, ich habe ein schlechtes Buch gekauft. Es ist nicht immer nett zur Kirche."
„Ich weiß, wovon du sprichst, mein Sohn. *Absolvo te.* Der Heilige Vater liest's auch schon heimlich."

„Herr Bundespräsident, man hat Sie verunglimpft!"
„Na und? Das passiert doch täglich."
„Ja, aber dieses Mal in einem Buch, und alle lesen es."
„Die Deutschen lesen wieder?"
„Und sie lachen noch dabei! Hänschen Sachs hat das Ding geschrieben."
„Fantastisch! Hänschen hat Unmögliches geschafft. Wir müssen die Quadriga auf dem Brandenburger Tor mit seinem Standbild ersetzen!"

„Jetzt taugt auch dein Kopf nichts mehr. Du kannst ja nur noch Reime behalten."
„Na und?"

„Ich hab' dir zum Neunundneunzigsten ein Werk von Hänschen Sachs gekauft."

„Herrlich! Wenn Hänschen seine Witze macht, im Altenheim man Tränen lacht!"

„Ach, das ist aber lieb, Lothar! Du schenkst mir ein Buch von Hänschen Sachs."

„Ja, ich war aber nicht sicher, ob du so was liest."

„Aber natürlich! Alle Frauen stehen auf Hänschen Sachs!"

„Ich hatte keine Ahnung!"

„Hänschen Sachs ist sehr anregend. Mach' die Augen zu, bis ich o.k. sage!"

„Wie du willst."

„O.k.."

„Oh Gott, ich kann nicht bleiben! Bei uns in Münster geht das nicht so schnell!"

„Babba, isch hab der e Buch midgebracht, dess jeder kaaft. Hoffentlich gefellt der's."

„Mach der kaa Gedanke, Mudder. Wann mer's nit gefellt nemme mer's zum nechste Pignig mid als Klobabier."

Letzteres Zitat in südhessischer Mundart bezeugt die vielseitige Verwendbarkeit unseres Büchleins. Der Kauf birgt kein Risiko!